STARK

BILDUNGSSTANDARDS GRUNDSCHULE

Deutsch 4. Klasse

STARK

Bildnachweis
Umschlagbilder:
Mädchen in Schule: © Bilderbox.com
Buchstabenwürfel: © Elena Schweitzer/Dreamstime.com
Bücher: © sxc.hu

Fotos:
S. 11: © Redaktion
S. 35: © complize/Photocase.com
S. 47: © Jonathan Ruchti/sxc.hu
S. 59: © Bianca de Blok/sxc.hu
S. 67: © Laura Dominguez/Dreamstime.com

Text:
S. 64: „Kasperl unter den Wilden" von Graf von Pocci wurde entnommen aus dem Titel „Sämtliche Kasperlkomödien", München 1910
S. 44: „Der Hase und die Frösche" von La Fontaine wurde entnommen aus dem Titel „Fabeln", Braunschweig 1965.

ISBN 978-3-86668-092-0

Inhalt

Autorinnen:

Susanne Jung-Wirries, Pia J. Neumann

Vorwort für die Schülerinnen und Schüler

Liebe Schülerin, lieber Schüler,

du möchtest mit diesem Buch im 4. Jahr deiner Grundschulzeit dein **gesamtes Wissen im Fach Deutsch** überprüfen und wiederholen. Mit den Aufgaben kannst du testen, ob du alles im Unterricht verstanden und behalten hast. So bereitest du dich ganz gezielt auf die Anforderungen der weiterführenden Schule vor.

Die Übungsaufgaben decken **alle Bereiche aus dem Deutschunterricht** von der 1. bis zur 4. Klasse ab, wie sie in den **Bildungsstandards Grundschule** beschrieben werden. Die Bildungsstandards geben vor, welche Grundlagen du am Ende deiner Grundschulzeit vor deinem Übertritt beherrschen solltest.
Schwierige Aufgaben sind mit einer Krone  gekennzeichnet. Bei der Bearbeitung dieser Aufgaben musst du dir besonders viel Zeit nehmen und sehr aufmerksam und sorgfältig sein.

Beginne nicht zu früh im Schuljahr, mit dem Buch zu üben. Es kann sonst passieren, dass du manche Aufgaben noch nicht lösen kannst. Am besten fängst du in oder nach den Weihnachtsferien an, mit dem Buch zu arbeiten.

Lies vor dem Lösen der Übungsaufgaben die Tipps und Hinweise aufmerksam durch. So verstehst du später die Arbeitsanweisungen der Aufgaben leichter. Es ist wichtig, dass du versuchst, die Aufgaben alleine zu lösen. Erst wenn du hinterher die Lösungen und Hinweise anschaust, solltest du dir Hilfe von deinen Eltern, deiner Lehrerin oder deinem Lehrer holen.

Wir wünschen dir viel Erfolg beim Üben und bei deinem Übertritt in die neue Schule am Ende deiner Grundschulzeit!

Susanne Jung-Wirries und Pia J. Neumann

Vorwort für die Eltern

Liebe Eltern,

das Ziel dieses Buches ist es, Ihr Kind dabei zu unterstützen, die **Kompetenzen**, die in den **Bildungsstandards für das Fach Deutsch** festgelegt sind, zu erreichen und zu festigen. Die zu erlangenden Kompetenzen wurden zentral vom Kultusministerium formuliert und zu Beginn des Schuljahres 2005/2006 als fachspezifische Anforderungen für den Unterricht in den gesamten Bundesländern übernommen. Sie bilden die Grundlagen für spätere Unterrichtsinhalte und ein **anschlussfähiges Lernen** in der weiterführenden Schule.

Zur besseren Übersicht wurden die einzelnen Anforderungen im Fach Deutsch kapitelweise in die zu erreichenden **Teilkompetenzen** untergliedert. Dabei unterscheiden sich die Aufgaben innerhalb der einzelnen Kapitel deutlich in ihrem Schwierigkeitsgrad. Manche Aufgaben sind so angelegt, dass sie nur von sehr leistungsstarken Schülern fehlerfrei bearbeitet werden können. Diese Aufgaben sind mit einer Krone  versehen. Alle Aufgaben jedoch zeigen **das anzustrebende Ziel am Ende der 4. Klasse** auf, dem sich die einzelnen Schülerinnen und Schüler durch eine individuelle Förderung nähern können.

Ihr Kind sollte jedoch nicht zu früh im Schuljahr beginnen, mit dem Buch zu üben, da es manche Inhalte dann noch nicht aus dem Unterricht kennt. In oder nach den Weihnachtsferien ist der beste Zeitpunkt, die Arbeit mit dem Buch anzufangen. Ihr Kind sollte auch die schwierigeren Aufgaben immer allein und ohne Hilfestellung bearbeiten. Erst bei der Kontrolle und Verbesserung der Aufgaben sollten Sie Ihrem Kind helfen. Wichtig ist, dass sich Ihr Kind die Lösungen und die hier aufgeführten **Lösungswege** sehr genau anschaut, versucht, sie nachzuvollziehen, und die eigenen Lösungen korrigiert und verbessert. Nur so kann ein **langfristiger Erfolg** erzielt werden.

Durch die Arbeit mit diesem Buch kann Ihr Kind den **Deutschstoff von der 1. bis zum Ende der 4. Klasse** wiederholen und üben. Sie können so Schwierigkeiten erkennen, die Ihr Kind eventuell in bestimmten Teilbereichen hat, und diese Gebiete dann gezielt üben. Das Buch stellt eine ideale Möglichkeit dar, um den Stoff der vorherigen Schuljahre zu wiederholen. So bereitet sich Ihr Kind optimal auf die Anforderungen der weiterführenden Schule vor. Ein Verzeichnis weiterer Trainingsbände für die Grundschule finden Sie auf den letzten Seiten dieses Buches.

Wir wünschen Ihnen und Ihrem Kind viel Erfolg bei der Arbeit mit dem Buch und beim anstehenden Übertritt auf eine weiterführende Schule.

Susanne Jung-Wirries und Pia J. Neumann

Hinweise und Tipps

Die Inhalte der Bildungsstandards in Deutsch

Die Bildungsstandards legen fest, was du am Ende der 4. Klasse gelernt haben musst.

Im Fach Deutsch gibt es folgende Teilbereiche:

- Leseverstehen – mit Texten und Medien umgehen
- Sprache und Sprachgebrauch untersuchen
- Rechtschreibung
- Texte verfassen

Bearbeitung und erlaubte Hilfsmittel

Das Buch ist so aufgebaut, dass du jeden Kompetenzbereich gesondert üben kannst. So konzentrierst du dich ganz gezielt auf eine bestimmte Teilkompetenz und findest schnell heraus, ob du in diesem Bereich vielleicht noch Schwierigkeiten hast. Lass dir für die Lösung jeder Aufgabe so viel Zeit wie nötig.
Manche der Übungen sind besonders anspruchsvoll, sodass auch sehr gute Schüler kaum alle Aufgaben ohne Fehler lösen können. Mach dir also keine Sorgen, wenn du bei bestimmten Aufgaben noch Schwierigkeiten hast.

Die Aufgaben zu den Bildungsstandards solltest du ohne detaillierte Hilfestellungen und ohne Hinweise zu Lösungswegen lösen können. Selbstverständlich darfst du aber einen Schmierzettel benutzen. Denke auch daran, verschiedenfarbige Stifte, einen spitzen Bleistift, einen Radiergummi und ein Lineal bereitzulegen.

Trainieren und Überprüfen der Kompetenzen

- In diesem Buch findest du mehrere Tests zu den verschiedenen Teilkompetenzen, die du am Ende der 4. Klasse erworben haben solltest. Du kannst die Übungsaufgaben einzeln lösen oder du versuchst, einen ganzen Test am Stück zu bearbeiten.
- Wichtig ist, dass du nicht erst am Ende des Schuljahres mit dem Üben beginnst. Am besten ist es, wenn du in oder nach den Weihnachtsferien anfängst.
- Es ist gut, wenn du jeden Tag ungefähr 20 Minuten übst. Dabei ist es wichtig, dass du konzentriert arbeitest, gründlich kontrollierst,

verbesserst und wirklich versuchst, die Lösungen zu verstehen. Es ist dabei normal, wenn du die Hälfte der Zeit zum Lösen der Aufgaben und die andere Zeit zum Korrigieren benötigst.

- Die Aufgaben sind unterschiedlich schwer. Einige sind sicher ziemlich einfach zu lösen, und bei anderen musst du dich schon richtig anstrengen. So kannst du schnell herausfinden, was du besonders gut kannst oder wo du noch Schwierigkeiten hast.
- Ganz besonders schwierige Aufgaben sind mit einer Krone  gekennzeichnet. Bei diesen Aufgaben musst du dir bei der Lösung besonders viel Zeit nehmen und aufmerksam und sorgfältig arbeiten.
- Lies die Aufgaben langsam und genau, überlege, wie du zu einer Lösung kommen kannst, schreibe auf, was du weißt und arbeite dann ruhig und konzentriert weiter.
- Wenn du einmal nicht weiterweißt, schau dir hinterher die Lösungen genau an. Dort wird erklärt, wie du zu einer Lösung kommen kannst. Wenn du die Erklärung nicht verstehst, helfen dir sicher deine Eltern oder dein Lehrer oder deine Lehrerin gerne weiter.

Die Arbeit mit dem Buch

- Bevor du anfängst, lege dir alle notwendigen Dinge zurecht: Bleistift, Radiergummi, farbige Stifte und ein Lineal sowie Papier für Notizen.
- Bearbeite die Aufgaben selbstständig. Erst wenn du die Lösungen kontrollierst, solltest du jemanden um Hilfe bitten.
- Betrüge dich nicht selbst, indem du dir die Lösungen schon vorher anschaust. Nur wenn du selbst die Aufgaben bearbeitet hast, kann dir die Lösung weiterhelfen und nur so kannst du lernen, solche Aufgaben richtig zu lösen.
- Überprüfe deine Aufgaben mithilfe des Lösungsteils. Es gibt oft verschiedene Lösungen für eine Aufgabe – in solchen Fällen findest du hier im Buch einen Lösungsvorschlag, der dir zeigt, wie deine Lösung aussehen könnte.
- Fällt dir eine Aufgabe besonders schwer, bearbeitest du sie einfach ein paar Tage später noch einmal und überprüfst deine Lösung erneut.

Tipps zum Aufgabenteil Leseverstehen

Allgemein

- Lies die Aufgaben immer sehr genau durch. Oft verändert schon ein Wort den Sinn der Aufgabe und du machst einen Fehler, wenn du etwas überliest. Halte dich genau an die Anweisungen der Aufgabe.
- Wenn du bei einer Aufgabe wirklich nicht mehr weiterweißt, dann gehe zur nächsten Aufgabe über. Die nächste Aufgabe fällt dir vielleicht ganz leicht. Gehe die übersprungene Aufgabe am Ende deiner Übungsphase noch einmal an.
- Lies deine Antworten am Schluss nochmals durch und kontrolliere, ob du alles getan hast, was in der Aufgabe verlangt wurde.

Fragen zum Text

- Lies zuerst den Text aufmerksam durch.
- Lies danach die Fragen konzentriert durch und achte genau auf die Fragestellung. Manchmal verändert sich der Sinn einer Frage, wenn du ein Wort überliest oder falsch liest.
- Bei manchen Fragen findest du die Lösung nicht im Text. Bei diesen Aufgaben musst du den Text gut verstanden haben und dir die Lösung selbst herleiten.
- Wenn du eine eigene Antwort schreiben musst, schreibe immer ganze Sätze, außer es sind Stichworte verlangt.
- Wenn du die richtigen Antworten ankreuzen musst, ist immer mindestens eine Lösung richtig. Es können aber auch mehrere richtige Antworten dabei sein. Du musst dann alle richtigen Antworten ankreuzen.

Sätze unterstreichen

- Lies den Text noch einmal aufmerksam, um genau den Satz oder die Sätze mit den gesuchten Informationen zu finden.
- Achte darauf, wirklich nur den geforderten Satz zu unterstreichen. Wenn du zu viel oder zu wenig unterstreichst, ist deine Antwort nicht mehr richtig.

Tipps zum Aufgabenteil Sprache und Sprachgebrauch untersuchen

Aufgaben zur Wortartbestimmung

- In einigen Aufgaben musst du entscheiden, um welche Wortart es sich bei den angegebenen Wörtern handelt. Das können Verben (Tunwörter), Nomen (Namenwörter) oder Adjektive (Wiewörter) sein.
- Verben (Tunwörter) erkennst du daran, dass sie dir sagen, was jemand oder etwas tut. Verben schreibst du immer klein, außer sie stehen am Satzanfang.
  Beispiel:
  gehen, singen, lesen
- Nomen (Namenwörter) erkennst du daran, dass sie dir sagen, wer oder was etwas tut, dass man sie immer großschreibt und dass du einen Artikel (Begleiter) davor setzen kannst.
  Beispiel:
  die Schule, der Hund, die Milch
- Adjektive (Wiewörter) erkennst du daran, dass sie dir sagen, wie jemand oder etwas ist. Du schreibst sie immer klein, außer sie stehen am Satzanfang.
  Beispiel:
  nett, klein, süß

Aufgaben zu Verben

- Wenn du bei Verben (Tunwörter) eine bestimmte Personalform angeben sollst, achte darauf, welche Personalform verlangt ist. Es gibt drei Personalformen im Singular (Einzahl) und im Plural (Mehrzahl).
  Beispiel:

Singular (Einzahl)	Plural (Mehrzahl)
1. Person: **ich** geh**e**	1. Person: **wir** geh**en**
2. Person: **du** geh**st**	2. Person: **ihr** geh**t**
3. Person: **er/sie/es** geh**t**	3. Person: **sie** geh**en**

- Wenn du in der Aufgabe Verben in verschiedenen Zeitstufen angeben musst, dann achte darauf, welche Zeitform du benutzen sollst. Es gibt z. B. das Präsens (Gegenwart), das Präteritum (1. Vergangenheit), das Perfekt (2. Vergangenheit) und das Futur (Zukunft).
  Beispiel:

Präsens	Präteritum	Perfekt	Futur
ich kauf**e**	ich kauf**te**	ich **habe ge**kauf**t**	ich **werde** kauf**en**

- In einigen Aufgaben wird der Infinitiv (Grundform) eines Verbs gesucht. Im Infinitiv stehen Verben in keiner bestimmten Zeit und in keiner Personalform. Sie enden immer auf **-e(r/l)n**.
  Beispiel:
  sing**en**, läch**eln**, gack**ern**

Aufgaben zu Nomen

- Wenn du die passenden Artikel (Begleiter) aufschreiben sollst, dann denke daran, dass es im Singular (Einzahl) die Artikel „der“, „die“ und „das“ gibt, im Plural (Mehrzahl) aber nur den Artikel „die“.
  Beispiel:

Singular	Plural
der Hund	**die** Hunde
die Blume	**die** Blumen
das Haus	**die** Häuser

- Das grammatische Geschlecht eines Nomens findest du, indem du dir den Artikel im Singular genauer anschaust. Ein Nomen ist entweder männlich, weiblich oder sächlich.
  Beispiel:
  der Hund (männlich), **die** Blume (weiblich), **das** Haus (sächlich)
- Wenn du zusammengesetzte Nomen in seine Bestandteile zerlegen sollst, achte darauf, dass manchmal ein Buchstabe zwischen den beiden Wörtern steht. Dieser kommt bei den einzelnen Bestandteilen nicht vor.
  Beispiel:
  das Liebe**s**paar = die Liebe + das Paar
- Wenn du bei den Nomen in einem Satz die Fälle bestimmen sollst, so denke daran, die richtigen Fragen zu stellen. Den 1. Fall (Subjekt/ Satzgegenstand) findest du auf die Frage „Wer oder was?“. Den 3. Fall (Wemfall/Dativobjekt) findest du mit der Frage „Wem?“. Den 4. Fall (Wenfall/Akkusativobjekt) findest du mit der Frage „Wen oder was?“.
  Beispiel:
  Paul öffnet dem Gast die Tür.

Frage nach dem 1. Fall:	Wer öffnet die Tür?	Paul
Frage nach dem 3. Fall:	Wem öffnet Paul?	dem Gast
Frage nach dem 4. Fall:	Was öffnet Paul?	die Tür

Aufgaben zu Pronomen

Bei diesen Aufgaben musst du Nomen (Namenwörter) mit ihren Pronomen (Fürwörter) ersetzen. Pronomen ersetzen Nomen und helfen, Wiederholungen zu vermeiden. Man schreibt sie klein.
Beispiel:
Greta hat einen Hund. Greta geht gerne mit dem Hund spazieren.
Greta hat einen Hund. **Sie** geht gerne mit **ihm** spazieren.

Aufgaben zur Steigerung von Adjektiven

Bei diesen Aufgaben musst du Adjektive (Wiewörter) in den verschiedenen Vergleichsstufen angeben. Es gibt die Grundstufe, die 1. Steigerungsstufe (Höherstufe) und die 2. Steigerungsstufe (Höchststufe).
Beispiel:

Grundstufe:	Georg ist **groß**.
1. Steigerung (Höherstufe):	Georg ist **größer als** Thomas.
2. Steigerung (Höchststufe):	Georg ist **am größten**.

Aufgaben zu Wortstamm und Wortfamilie

Suchst du nach dem Wortstamm, musst du den Wortteil finden, der gleich bleibt, wenn man Endungen und/oder Vorsilben streicht.
Beispiel:
Freundschaft, **freund**lich, be**freund**et, an**freund**en
Die Wörter mit einem gemeinsamen Wortstamm nennt man Wortfamilie. Bei der Bildung von Wortfamilien musst du also immer darauf achten, dass der Wortstamm in dem Wort auch wirklich vorhanden ist.

Aufgaben zur Bestimmung von Satzgliedern

- Es gibt drei verschiedene Arten von Satzgliedern: Subjekt (Satzgegenstand), Prädikat (Satzaussage) und Ergänzung. Das Subjekt sagt dir, wer oder was im Satz handelt. Das Prädikat sagt dir, was das Subjekt tut. Die Ergänzung macht genauere Angaben darüber, was das Subjekt tut oder wo oder wann es das tut. Nach jedem Satzglied kannst du fragen.
  Beispiel:
  Anna liest ein Buch.

Frage nach dem Subjekt:	Wer liest ein Buch?	Anna
Frage nach dem Prädikat:	Was tut Anna?	lesen
Frage nach der Ergänzung:	Was liest Anna?	ein Buch

- Satzglieder erkennst du daran, dass du sie im Satz umstellen kannst und sie immer zusammenbleiben.
  Beispiel:
  Anna / liest / ein Buch.
  Liest / Anna / ein Buch?
  Ein Buch / liest / Anna.
- Es gibt verschiedene Arten von Satzgliedern, z. B., ob sie die Zeit oder einen Ort näher angeben. Du findest die Angabe des Ortes auf die Fragen „Wo? Woher? Wohin?“. Die Angabe der Zeit findest du mit den Fragen „Wann? Wie lange? Seit wann?“.
  Beispiel:
  Das Kind schlief stundenlang in der Wiege.

Frage nach der Angabe des Ortes:	Wo schlief es?	in der Wiege
Frage nach der Angabe der Zeit:	Wie lange?	stundenlang

Aufgaben zu Bindewörtern

Bei diesen Aufgaben sollst du zwei Sätze mit einem Bindewort zu einem Satz verbinden. Es gibt viele Bindewörter, z. B. und, weil, wenn, obwohl, da, denn, sondern, bevor, oder.
Vor dem Bindewort musst du ein Komma setzen (außer bei „und“ und „oder“).
Beispiel:
Ida beeilt sich. Es ist spät. Ida beeilt sich, **da** es spät ist.

Tipps zum Aufgabenteil Rechtschreibung

Aufgaben mit Korrekturtext

Bei diesen Aufgaben musst du die falsch geschriebenen Wörter in einem Text finden und sie richtig aufschreiben. Lies den Text ganz genau, damit du keine Fehler übersiehst.

Allgemeine Rechtschreibregeln

- Alle Nomen (Namenwörter) schreibst du groß. Adjektive (Wiewörter) und Verben (Tunwörter) schreibst du klein, außer sie stehen am Satzanfang.
- Ein Konsonant (Mitlaut) nach einem kurz gesprochenen und betonten Laut muss meistens verdoppelt werden.
  Beispiel:
  Gu**mm**i, scha**ff**en, kö**nn**en

- Wenn ein Vokal (Selbstlaut) lang gesprochen wird, wird er meist mit einem Dehnungs-h geschrieben oder verdoppelt.
  Beispiel:
  L**oh**n, B**oo**t
  Achtung: Es gibt aber auch Ausnahmen wie das Wort „Brot“. Diese Wörter musst du dir gut merken.
- Ein lang gesprochenes „i“ kann als „ie“ oder als „ih“ geschrieben werden.
  Beispiel:
  fr**ie**ren, **ih**re
  Achtung: Bei „Masch**i**ne“ und „erw**i**dern“ sprichst du das „i“ zwar lang, es wird aber trotzdem nur mit einfachem „i“ geschrieben.
- Beim Bilden des Plurals (Mehrzahl) verwandeln sich „a“ und „o“ manchmal in die Umlaute „ä“ und „ö“. Ebenso verwandelt sich „au“ im Plural oft in „äu“.
  Beispiel:
  Gr**a**s – Gr**ä**ser, L**o**ch – L**ö**cher, B**au**m – B**äu**me
- Nach einem kurz gesprochenen und betonten Vokal (Selbstlaut) schreibt man statt „kk“ immer „ck“.
  Beispiel:
  kna**ck**en
- Nach einem Konsonant (Mitlaut) schreibst du meist nur ein einfaches „z“.
  Beispiel:
  kur**z**
- Nach einem Vokal (Selbstlaut) schreibst du meist „tz“ (Ausnahme: „Pizza“).
  Beispiel:
  Ta**tz**e
  Beachte auch diese Merkregel: „Nach l, n, r, das merke ja, steht nie tz und nie ck!“
- Nach einem langen Vokal (Selbstlaut), einem Doppellaut (au, ei, eu) oder einem Umlaut (ä, ö, ü) schreibst du „ß“.
  Beispiel:
  Strau**ß**, grü**ß**en
- Nach einem kurzen, betonten Vokal (Selbstlaut) schreibst du „ss“.
  Beispiel:
  ha**ss**en

- Wörter mit weichem Konsonant (Mitlaut) am Ende kannst du in Gedanken nachsprechen und dabei verlängern. Dann hörst du den Konsonant (Mitlaut) am Ende deutlicher.
  Beispiel:
  Ra**d** – Rä**d**er, Die**b** – Die**b**e
- Ein „h“ am Ende des Wortes kannst du oft deutlicher hören, wenn du den Plural (Mehrzahl) bildest und das Wort ganz deutlich aussprichst.
  Beispiel:
  Schu**h** – Schu**h**e, Re**h** – Re**h**e
- Ob du „da**s**“ oder „da**ss**“ schreiben musst, erkennst du daran, ob sich „das“ auf ein Nomen (Namenwort) bezieht oder ob es einen Nebensatz einleitet. Bezieht sich „das“ auf ein Nomen, lässt es sich durch „dieses“, „jenes“ oder „welches“ ersetzen. Dann schreibst du „das“ mit einem einfachen „s“. Funktioniert diese Ersetzung nicht, muss es sich um das Bindewort „dass“ handeln.
  Beispiel:
  Das Kind, da**s** so laut schreit, ist noch klein.
  Das Kind, **welches** so laut schreit, ist noch klein.
  Die Ersetzung funktioniert, „das“ ist richtig.

  Ich sage dem Kind, da**ss** es aufhören soll.
  Ich sage dem Kind, **welches/jenes/dieses** es aufhören soll.
  Die Ersetzung funktioniert nicht, „dass“ ist richtig.

Tipps zum Aufgabenteil Texte verfassen

- Beachte die Aufgabenstellung ganz genau, damit du weißt, welche Art von Aufsatz du schreiben sollst. Es kann ein Brief, eine Wegbeschreibung, ein Dialog, ein Gedicht oder eine Geschichte sein.
- Achte genau auf die geforderte Personalform und Zeitstufe. Du musst unbedingt diese Formen in deiner Geschichte verwenden.
- Wenn du nur eine bestimmte Textlänge schreiben sollst, versuche, möglichst genau den vorgegebenen Platz zu füllen.
- In einer Aufgabe sollst du ein Wortfeld bilden. In einem Wortfeld drücken alle Wörter etwas ähnlich oder genauer aus. Die Wörter in einem Wortfeld können aus verschiedenen Wortarten (Verben, Adjektive, Nomen) bestehen.

▶ Kompetenzbereich Leseverstehen

Leseverstehenstest 1

Pinguine

Obwohl Pinguine Vögel sind und Flügel haben, können sie nicht fliegen. Ihre Flügel benutzen sie zum Schwimmen. Daher sehen die biegsamen Flügel auch ein bisschen wie Flossen aus.

Pinguine leben hauptsächlich im Wasser. Sie gehen nur selten an Land, zum Beispiel zum Brüten. Pinguine haben kurze Beine, einen kleinen Kopf und sind schwarz-weiß. Sie haben einen kurzen Schwanz und „watscheln“ aufrecht. Die Pinguine leben auf der südlichen Halbkugel der Erde, zum Beispiel in der Antarktis.

Es gibt mehrere Arten von Pinguinen, kleine und größere. Der größte Pinguin ist der Kaiserpinguin. Kaiserpinguine gehen im Mai an Land, um sich eine Frau zu suchen. Jedes Pärchen hat nur ein einziges Ei. Bei den Kaiserpinguinen brütet der Papa dieses Ei aus. In dieser Zeit ist die Mama Pinguin unterwegs, um Nahrung zu suchen. Sie kommt dann zurück, wenn das Küken schlüpft. Nun kümmert sich das Weibchen um das Kleine, der Papa kann sich jetzt Nahrung suchen. Später kümmern sich beide Eltern gemeinsam um das Kind.

1. Welche Aussage ist richtig?

- ☐ Pinguine haben Flügel.
- ☐ Pinguine haben keine Flügel, sondern nur Flossen.
- ☐ Pinguine haben Flügel und Flossen.
- ☐ Pinguine haben keine Flügel und keine Flossen.

2. Welche Aussage ist richtig?

- ☐ Sie können gut fliegen und gut schwimmen.
- ☐ Sie können nicht fliegen, aber dafür schwimmen.
- ☐ Sie können nicht fliegen und nicht schwimmen.
- ☐ Sie können nicht gut schwimmen.

3. Welche Aussage ist richtig?

- ☐ Es gibt nur eine Art von Pinguinen.
- ☐ Es gibt mehrere Arten von Pinguinen.

4. Welche Aussage ist richtig?

- ☐ Die Kaiserpinguine brüten vier Eier aus.
- ☐ Die Kaiserpinguine brüten jedes Jahr verschieden viele Eier aus.
- ☐ Die Kaiserpinguine brüten ein einziges Ei aus.
- ☐ Die Kaiserpinguine brüten drei Eier aus.

5. Welches ist die größte Pinguinart?

____

6. In welcher Gegend leben Pinguine?

____

7. Wer brütet bei den Kaiserpinguinen das Ei aus?

____

8. Wer kümmert sich um den kleinen Pinguin?

____

Leseverstehenstest 2

Ein Tag als Pippi Langstrumpf

Julia hat Geschichten von Pippi Langstrumpf gelesen und ist begeistert. So ein lustiges, aufregendes Leben möchte sie auch führen! Es soll gleich losgehen, denn Julias Eltern sind in die Stadt gefahren und kommen erst gegen Abend wieder.

Als erstes will sie sauber machen wie Pippi. Das wird toll, wenn die Küche blitzt. Und es geht so einfach und macht Spaß! Julia bindet sich zwei Bürsten unter die Schuhe, kippt einen halben Eimer Wasser auf dem Küchenfußboden aus und versucht, mit den Füßen den Boden zu bürsten. Leider rutscht sie immer wieder aus und fällt in die Pfütze auf dem Fußboden. Komisch, bei Pippi war das viel einfacher. Sie bindet die Bürsten wieder ab.

Als nächstes will Julia sich als Sachensucherin probieren. Sie ruft ihre Freundin Anne an und verabredet sich mit ihr. Als Anne kommt, sagt Julia: „Lass uns Sachensucher sein, man findet die tollsten Dinge, wenn man nur richtig hinsieht!" Anne zweifelt, aber sie macht mit.

Die beiden gehen los und schauen angestrengt auf die Erde. Eine ganze Zeit lang sehen sie nichts außer Zigarettenstummeln und kleinen Steinchen. Dann findet Julia noch ein Kaugummipapier – das ist alles. Nach einer halben Stunde geben sie enttäuscht auf. Sachensucher zu sein ist wohl doch nicht das Richtige, wenn es keine Sachen zu finden gibt.

Eine Idee hat Julia noch. Sie möchte, dass das Pony, das auf der Weide nebenan grast, im Garten auf der Terrasse steht und bringt ihm dort ein bisschen Heu hin. Dann geht sie auf die Weide, lockt das Pony und führt es behutsam in den Garten und auf die Terrasse. Zuerst ist Poldi, das Pony, scheu, aber dann lockt ihn das Heu, und er beginnt zu fressen. Leider lässt er auch ein paar dicke Pferdeäpfel fallen.

Später führt Julia den zufriedenen Poldi wieder auf die Weide. Zurück im Garten stellt sie fest, dass Poldi leider den Rasen zertrampelt hat. Es sind viele Löcher zu sehen.

Mittlerweile ist Julia ganz müde und erschöpft von diesem Tag. Es wäre jetzt schön, wenn Mama und Papa wieder zurückkämen, denn sie fühlt sich plötzlich allein und einsam.

Gegen Abend kommen endlich Julias Eltern nach Hause. Sie sehen die Pferdeäpfel auf der Terrasse und in der Küche entdecken sie den Eimer und große Wasserpfützen, die noch nicht getrocknet sind.

„Was war denn hier los?“, fragt Mama.

„Ich wollte alles machen wie Pippi Langstrumpf“, antwortet Julia kleinlaut. „Aber jetzt bin ich doch ganz froh, dass ich nicht allein im Haus lebe wie sie. Es ist doch nicht so einfach, wie Pippi Langstrumpf zu leben, und schöne Sachen findet man auch nicht so leicht.“

1. Was möchte Julia machen?

- ☐ Sie möchte auch so ein lustiges Leben führen wie Pippi.
- ☐ Sie möchte ein Tier.
- ☐ Sie möchte allein leben.
- ☐ Sie möchte in Schweden leben.

2. Wie heißt Julias Freundin?

- ☐ Anna
- ☐ Anne
- ☐ Lena
- ☐ Nadine

3. Was macht Julia gemeinsam mit ihrer Freundin?

- ☐ Sie holen das Pony.
- ☐ Sie spielen Sachensucher.
- ☐ Sie wischen den Fußboden.
- ☐ Sie gehen gemeinsam in die Schule.

4. Was passiert, als Julia das Pony holt?

- ☐ Es läuft weg.
- ☐ Es beißt Julia.
- ☐ Es ist zu scheu und kommt nicht mit.
- ☐ Es tritt Löcher in den Rasen.

5. Wie ist der Name des Ponys?

- ☐ Pippi
- ☐ Pumuckl
- ☐ Poldi
- ☐ Lena kennt den Namen nicht.

6. Julia hat den Tag über ziemlich viel angestellt. Ihre Mutter will, dass sie die Spuren des Tages beseitigt.
Was könnte sie zu Julia sagen? Schreibe vier bis sechs Sätze.

7. Julia kennt alle Geschichten von Pippi Langstrumpf!
Weißt du auch etwas über sie? Erzähle kurz, warum Pippi in der Villa Kunterbunt ganz alleine wohnt.

Lauras Katze

Laura wünscht sich schon seit langer Zeit ein Haustier. Ein richtiges Haustier, eines, mit dem man spielen und kuscheln kann.
Ihr Vater hat ein Aquarium mit bunten Fischen darin, aber das ist nichts für Laura. Mit Fischen kann man weder spielen noch kuscheln, sie sind stumm und freuen sich auch nicht, wenn Laura aus der Schule kommt.
Ein Hund wäre am besten, aber das erlauben Lauras Eltern nicht.
Auf dem Bauernhof in der Nachbarschaft wurden vor einigen Wochen vier kleine Kätzchen geboren. Laura ist sofort mit ihrer Freundin Sarah hingegangen, um sich die Kätzchen anzusehen. Sie waren so niedlich, hatten die Augen noch geschlossen und konnten auch noch nicht laufen.
„In ein paar Tagen öffnen sie die Augen und eine Weile später können sie dann auch laufen. Wenn sie etwa acht Wochen alt sind, können wir sie abgeben“, hat Bauer Schulte gesagt.
Von da an hat Laura ihren Eltern jeden Tag erzählt, wie niedlich die kleinen Katzen sind, und dass eine Katze das ideale Haustier ist. Sie hat nämlich in Büchern viel über Katzen gelesen und weiß, dass es sehr selbstständige und saubere Tiere sind. Ihre Eltern sind nicht sehr begeistert von Lauras Plänen eine Katze anzuschaffen. Papa meint, dass es mit einem Haustier immer schwierig ist zu verreisen. Laura denkt darüber nach. Sie weiß, dass eine Katze auch einmal ein paar Tage alleine zu Hause bleiben kann, wenn sich jemand um die Fütterung des Tieres kümmert. Laura fragt bei einer guten Gelegenheit ihre Großeltern, ob diese sich – wenn nötig – um eine Katze kümmern würden. Oma und Opa versprechen Laura, im Falle ihrer Abwesenheit nach der Katze zu schauen.
Und tatsächlich hat Laura ihre Eltern nach einiger Zeit überzeugt. Sie erlauben, dass sie eine der kleinen Katzen zu sich nach Hause holt.
Heute ist es so weit: Acht Wochen sind um, und Laura hat sich schon vor einigen Tagen ein schwarz-weißes Kätzchen ausgesucht. Sie geht mit einem Transportkorb zu Bauer Schulte. Dort nimmt sie die kleine Katze auf den Arm, setzt sie in den Korb und nimmt sie mit nach Hause.
„Hoffentlich gefällt dir dein neues Zuhause“, sagt sie leise zu Nelly, so hat sie die Katze genannt.
In der ersten Nacht jammert Nelly noch ein wenig nach ihrer Mutter.
Laura steht einige Male auf, nimmt Nelly auf den Arm, tröstet und streichelt sie. Aber schon am nächsten Tag fängt das Kätzchen fröhlich an, seine neue Umgebung zu erkunden.

Laura spielt mit ihr und hält ihr ein Wollknäuel, einen Ball und eine laufende Spielzeugmaus zum Spielen hin. Das ist ein großer Spaß, denn Nelly rennt hinter allem her. Manchmal möchte sie ihren eigenen Schwanz packen und dreht sich dabei wie ein Kreisel. Ihren Schwanz fängt sie dabei natürlich nicht.

Laura bringt der kleinen Katze auch bei, auf eine Katzentoilette zu gehen. Sie setzt sie immer mal wieder hinein, und Nelly gewöhnt sich leicht daran. Katzen sind wirklich saubere Tiere, denkt Laura.

Leider möchte Nelly ihre Krallen gerne an der Tapete schärfen und ist nur schwer davon abzuhalten. Am zweiten Abend ist ein Teil der Tapete in Lauras Zimmer zerfetzt.

Mutter sagt: „Wir brauchen einen Kratzbaum. Das ist eine Art Turm mit Teppich oder Band, an dem die Katzen ihre Krallen schärfen können. Dann braucht Nelly nicht mehr die Tapete zu zerfetzen. Später, wenn sie sich hier gut eingelebt hat, darf sie nach draußen, dann kann sie ihre Krallen an Bäumen schärfen.“

Alle mögen Nelly sehr gern. Sie ist auch wirklich zu lustig.

1. Was für ein Haustier hätte Laura am liebsten gehabt?

- ☐ eine Katze
- ☐ einen Hund
- ☐ Fische
- ☐ eine Rennmaus

2. Warum möchte Laura ein etwas größeres Haustier?

- ☐ Sie hat ein großes Zimmer.
- ☐ Sie möchte ein Tier zum Kuscheln und Spielen.
- ☐ Das Tier soll nicht so laut sein.
- ☐ Sie ist ja nicht mehr so klein.

3. Wie heißt Lauras Katze?

- ☐ Lisa
- ☐ Minka
- ☐ Nelly
- ☐ Miezi

4. Wie alt ist die Katze, als Laura sie holen kann?

- ☐ sechs Wochen
- ☐ ein Jahr
- ☐ acht Wochen
- ☐ Sie ist schon älter.

5. Als die Katze zu Hause ist, gibt es ein kleines Problem. Welches?

- ☐ Die Katze frisst nicht.
- ☐ Die Katze ist krank.
- ☐ Die Katze macht die Tapete kaputt.
- ☐ Die Katze will nicht spielen.

6. Laura sucht das ideale Haustier.
Was ist mit ideal gemeint? Findest du ein anderes Wort dafür?
Tipp: Du kannst auch in einem Wörterbuch nachschlagen.

____

7. Laura will ihre Eltern von der Haltung einer Katze überzeugen.
Wie könnte sich das Gespräch angehört haben?
Ergänze den Dialog mit deinen eigenen Worten. Du kannst dir Argumente aus dem Text holen oder auch eigene einfallen lassen.

Laura bettelt: ______________________________

Aber ihr Papa meint: ______________________________

Laura hält dagegen: ______________________________

____

Mama findet: ______________________________

Doch Laura sagt: ______________________________

____

Eine kleine Birne kann sprechen

Die Glühbirne Lilli möchte wieder einmal verreisen und hat sich auf den Flugplatz geschlichen. Die Flugzeuge werden gerade aufgetankt. An einem Tankschlauch klettert Lilli schnell hoch auf eine Tragfläche eines großen Flugzeuges. Von dort kann sie leicht in das Flugzeug hüpfen. Als alle Passagiere an Bord sind, wird die Kabinentür geschlossen und die Maschine rollt zum Start. Schnell steigt das Flugzeug hoch in die Luft.

Birne Lilli hat sich hinter einem Sitzplatz versteckt und sieht nur die Beine der Fluggäste und wie eine Stewardess hin- und hergeht.

Als eine Stewardess die Tür zum Cockpit öffnet, um dem Kapitän eine Tasse Tee zu bringen, schwebt Lilli in das Cockpit hinein.

Vorne sitzen der Kapitän und der Kopilot, die abwechselnd das Flugzeug steuern. Hinter ihnen sitzt der Funker, der mit den Bodenstationen spricht und den Kurs des Flugzeuges berechnet. Außerdem sieht Lilli überall Instrumente, die kontrollieren, ob alles in Ordnung ist.

„Positionslichter einschalten“, sagt der Kapitän, „es wird Nacht.“

„Positionslichter eingeschaltet“, antwortet der Kopilot.

„Eins brennt nicht“, bemerkt der Kapitän. „Die Instrumente zeigen an, dass das Positionslicht auf der linken Seite kaputt ist.“

„Ich kann die Lampe ersetzen, weil ich eine Birne bin.“

Der Flugzeugführer fragt: „Wer spricht hier?“

Birne Lilli hüpft zum Kapitän und zeigt sich. Da staunen alle Piloten im Cockpit, denn eine sprechende Glühbirne haben sie noch nie gesehen.

„Wo ist die kaputte Lampe?“, fragt nun Birne Lilli.

„Du musst durch eine Luke in die linke Tragfläche klettern, an den Benzintanks vorbei, zwischen Leitungen durch, bis zur Spitze der Tragfläche. Dort sitzt das gelbe Positionslicht.“

Lilli flitzt los. Schnell findet sie die kaputte Lampe, schraubt diese heraus und sich selbst in die Fassung des Positionslichtes hinein. Nun leuchtet Birne Lilli auf. Von ihrem neuen Platz aus sieht sie die Lichter der Städte gut.

1. Wer arbeitet im Cockpit?

____

____

2. Wo versteckt sich Lilli im Flugzeug?

- ☐ hinter den Beinen des Piloten
- ☐ an der Spitze der Tragfläche
- ☐ im Gepäck
- ☐ hinter einem Sitzplatz

3. Welche Aufgaben hat der Funker?

- ☐ Er spricht mit der Bodenstation.
- ☐ Er bringt dem Kapitän den Tee.
- ☐ Er berechnet den Kurs des Flugzeuges.
- ☐ Er steuert das Flugzeug.

4. Was für Instrumente befinden sich im Cockpit?

- ☐ Kontrollinstrumente
- ☐ Führungsinstrumente
- ☐ Machtinstrumente
- ☐ Blasinstrumente

5. Was ist am Flugzeug kaputt?

- ☐ das Positionslicht auf der rechten Seite
- ☐ die Positionslichter auf der rechten Seite
- ☐ das Positionslicht auf der linken Seite
- ☐ die Positionslichter auf der linken Seite

6. Welchen Weg muss sich Lilli suchen?

Lilli muss …

- ☐ durch eine Luke schlüpfen.
- ☐ eine Leiter hinaufsteigen.
- ☐ an den Benzintanks vorbei.
- ☐ vor den Leitungen scharf rechts.

7. Markiere die Textstelle, die zu diesem Satz passt.

Lilli erscheint vor dem Flugzeugführer.

8. In welcher Farbe muss Lilli als Positionslicht leuchten?

____

9. Beende den folgenden Satz sinnvoll.

Als die Birne Lilli als Positionslicht hell aufleuchtet, sind die Piloten

____________________________________.

Leseverstehenstest 5

Toooooooooooor!

Seit zwei Wochen ist es klar. Herr Sander, der Klassenlehrer, hat es ihnen gesagt: Die 3a wird beim Schulfest gegen die 3b im Fußball antreten. Das Fußballspiel soll auf dem Sportplatz der Schule stattfinden. Die Schülerinnen und Schüler der 3a sind begeistert. Wer soll mitspielen? Nach einigen Beratungen ist es entschieden, elf Kinder spielen, drei weitere sind Auswechselspieler und die anderen Kinder brauchen sie ja zum Anfeuern und für den Getränkeverkauf. Es werden 8 Jungen und 3 Mädchen in der Mannschaft sein. Tobias steht im Tor und sein Freund Luis ist Stürmer.

„Das wird prima, wir gewinnen!“, sagt Tobias. Luis ist da weniger zuversichtlich. Er weiß nämlich, dass die 3b viele sehr gute Spieler aus dem Verein hat. Außerdem fühlt er sich noch nicht so sicher, denn vor einigen Tagen hat er sich bei einem Sturz vom Fahrrad am Knie verletzt. So ist es ihm doch etwas mulmig zumute als der Tag des Festes immer näher rückt.

Ab jetzt treffen sich die Spieler aus der 3a fast jeden Nachmittag auf dem Sportplatz der Schule zum Trainieren. Am Anfang spürt Luis sein Knie noch sehr, aber die Verletzung ist schon fast verheilt. Wenn nur nicht diese verflixte Unsicherheit wäre! Luis traut sich kaum, in Zweikämpfe zu gehen, er spielt sehr vorsichtig und läuft längst nicht so schnell, wie er kann.

Am Tag des Schulfestes sind alle Spielerinnen und Spieler sehr aufgeregt. Viele Eltern sind gekommen und stehen am Spielfeldrand. „Ihr schafft das schon“, flüstert Tobias’ Vater und drückt die Daumen. Luis’ Mutter ruft: „Sei bitte vorsichtig, denk an dein Knie!“

Das Spiel beginnt. Der Ball fliegt hin und her, beide Mannschaften sind gut vorbereitet. Luis ist am Anfang noch unsicher und denkt an sein angeschlagenes Knie. Aber je öfter er an den Ball kommt, umso sicherer wird er, umso schneller kann er laufen und umso mutiger umspielt er die Gegenspieler. Zur Halbzeit sind für beide Mannschaften je zwei Tore gefallen, es steht also unentschieden.

Herr Sander meint: „Mensch Luis, du bist ja wieder ganz der Alte. Weiter so!“

Luis, der bis dahin noch kein Tor geschossen hat, fühlt sich prächtig.

Herr Sander hat ihm Mut gemacht. Wenn er jetzt nur noch den Ball ins Tor befördern könnte!

Nach der Pause ist es weiterhin sehr spannend und beide Mannschaften schenken sich nichts. Nur noch fünf Minuten, und es steht noch immer unentschieden. Da kommt plötzlich ein Pass von Julian aus der 3a, Luis läuft, er hat den Ball und rennt damit in Richtung Tor. Keiner ist so schnell wie er. Er kann den letzten Gegenspieler umspielen und befördert den Ball in die rechte obere Ecke. Tor! Da kommt auch schon der Schlusspfiff. Die 3a hat gewonnen.

Alle jubeln, die Spieler aus der 3b sind zunächst ziemlich enttäuscht, aber sie sind auch faire Verlierer und rufen: „Im nächsten Jahr gibt's 'ne Revanche! Da gewinnen wir!"

1. Wo findet das Fußballspiel der 3a gegen die 3b statt?

- ☐ auf dem Sportplatz des Vereins
- ☐ auf dem Sportplatz der Schule

2. Zu welchem Anlass findet das Spiel statt?

- ☐ bei einem Turnier
- ☐ beim Schulfest
- ☐ beim Sportfest
- ☐ beim Schützenfest

3. Wer steht im Tor?

- ☐ Luis
- ☐ Tobias
- ☐ Marie
- ☐ Herr Sander

4. Wie reagieren die Kinder der 3a, als sie erfahren, dass sie gegen die 3b spielen werden?

____

____

5. Warum ist Luis am Tag des Fußballspiels so unsicher?

- ☐ Er wurde von einem der Gegenspieler bedroht.
- ☐ Er hatte einen bösen Traum.
- ☐ Er hat sich verletzt und sein Knie ist noch nicht ganz in Ordnung.
- ☐ Er mag keine Zweikämpfe.

6. Was meinst du, warum ist das Wort „Tor“ in der Überschrift so geschrieben: „Tooooooooooooor“?

7. Bereite den Text ab Zeile 26 zum Vorlesen vor.
Trage ihn deinen Eltern vor.

Ein schöner Tag

Es ist April und die Sonne scheint. Die Kinder der Klasse 4 gehen zu den Gärten im Dorf. Sie wollen den Frühling sehen, hören, riechen und fühlen.

Gleich im ersten Garten entdecken drei Kinder gelbe Osterglocken. Auch Michael und Valentin sehen viele verschiedene Frühblüher. Vanessa und Sara riechen an einem blauen Veilchen.

Zwei andere Mädchen sind plötzlich ganz leise, denn sie hören im Strauch die Bienen summen. Vincent und Clemens schauen zu den Vögeln, die oben im Baum auf den Ästen sitzen und zwitschern. Nun wird es richtig warm, manche Kinder öffnen ihre Jacken.

Auf einmal bleibt Lena stehen, sie ruft andere Kinder zu sich. Alle beobachten den kleinen Käfer, der auf die Hand von Lena krabbelt. Später sehen die Kinder noch Weidenkätzchen. Vorsichtig berühren sie die weichen Kätzchen am Strauch.

Bei einem anderen Garten hält Leon an. Dort sieht er viele Ostereier und Osterhasen in der Wiese. Alle Kinder schauen sich diese schönen Ostersachen an.

1. Kreuze die richtige Antwort an.

Vanessa und Sara riechen an …

- ☐ gelben Osterglocken.
- ☐ einem blauen Veilchen.
- ☐ Weidenkätzchen.
- ☐ einer roten Tulpe.

2. Stelle dir vor, du stehst neben Lena und siehst diesen Käfer. Was würdest du sie gern fragen?

____

____

3. Was passt gut zusammen?
Verbinde jedes Nomen (Namenwort) mit einem passenden Verb (Tunwort).

Bienen   Blumen   Käfer   Wärme   Vögel   frische Luft

hören   riechen   fühlen

4. Markiere im Text einen Satz, der uns sagt, dass man den Frühling fühlen kann.

5. Welche Jahreszeit gefällt dir am besten? Warum?

____

____

____

6. Ersetze das Wort „sehen“ durch ein anderes treffendes Verb (Tunwort).

Dort ____________ die Kinder viele Ostereier in der Wiese.

7. Wie kann etwas sein?

Die Bäume sind ____________.

Die Osterglocken sehen ____________ aus.

Die Weidenkätzchen sind ____________.

Michael schläft fast. Er blinzelt noch einmal zu Nils hinüber und schon atmet er tief durch. Er ist eingeschlafen. Das war genau das, was die zwei Jungen sich schon lang gewünscht hatten:
Eine Nacht im Zelt im Garten.
„Wenn es nicht regnet, schlafen wir in den Sommerferien mal draußen“, hatten Nils und Michael mit ihren Eltern verabredet.

Es ist ziemlich dunkel im Garten, kein Mond scheint, nur eine Straßenlaterne gibt ein bisschen Licht. Da wird Michael wach, er schaut zu Nils, aber sein Schlafsack ist leer. Nils ist nicht da. Vor Schreck ist Michael hellwach.

Er sieht sich um und bemerkt, dass sich etwas bewegt. Ein Schatten huscht über die Zeltwand. Er kann ihn ziemlich genau erkennen. Ein Mann oder eine Frau? Die langen Beine! Da schleicht sich einer an.
Wo ist Nils? Der Schatten bewegt sich schneller. Die haben Nils geholt!
Michael stockt der Atem. Sein Herz klopft. Michael verzieht sich in seinen Schlafsack. Der Schatten kommt immer näher. „Hilfe, die kommen zu mir ins Zelt“, denkt Michael.

Plötzlich hört er Nils’ Stimme. Nils steckt den Kopf ins Zelt. „Bist du wach?“ Michael starrt Nils verstört an. Der hat vielleicht Fragen. Und wo sind die Männer?

„Ich habe meine neue Uhr verloren“, sagt Nils. „Ich habe es vorhin gemerkt. Ich muss sie vor dem Zelt auf dem Rasen verloren haben. Aber ich wollte dich nicht wecken.“
„Und ich dachte …“, Michael erzählt alles. Beide hocken nebeneinander im Zelt. Mensch, war das schlimm. Erleichtert atmen sie nun tief durch.

Schließlich fragt Michael: „Hast du deine Uhr nun wieder?“
„Nein!“, antwortet Nils traurig.
„Wie wäre es hiermit?“ Michael hat soeben neben der Luftmatratze etwas Blaues gesehen. Es ist die Uhr.
„So ein Glück! Micha, du bist der Größte, danke!“, strahlt Nils und macht seine Uhr gleich an den linken Arm.

Jetzt legen sich die Jungen hin und schlafen schnell ein. Nur der sanfte Wind wiegt die Bäume hin und her. Nils hat einen schönen Traum.

1. Welchen Wunsch hatten Michael und Nils schon lange?

____

____

2. Kreuze die richtige Antwort an.

In der Nacht scheint nur ein bisschen Licht in den Garten, weil …

- ☐ der Mond am Himmel steht.
- ☐ die Sterne leuchten.
- ☐ eine Straßenlaterne an ist.
- ☐ der Mond und die Straßenlaternen leuchten.

3. Erkläre, warum Michael plötzlich hellwach ist.

____

____

4. In welcher Reihenfolge erlebt es Michael?
Schreibe 1., 2., 3. und 4. richtig vor die Sätze.

____ Der Schatten kommt immer näher.

____ Nils ist nicht da.

____ Der Schatten bewegt sich schneller.

____ Ein Schatten huscht über die Zeltwand.

5. Wie fühlt sich Michael, als er draußen am Zelt einen Schatten sieht?

a) Schreibe es mit eigenen Worten auf.

____

____

b) Markiere einen Satz im Text, der uns sagt, wie sich Michael allein im Zelt fühlt.

6. Warum war Nils nicht im Zelt?

7. Erzähle nun, wieso Nils am Ende wieder glücklich sein konnte.

8. Wer war der Schatten?

9. Schreibe eine interessante Überschrift über den Text.

10. Schreibe auf, was Nils geträumt haben könnte.

11. Gib die Geschichte in wenigen Sätzen wieder.

Text 1: Lippenbären wollen hoch hinaus

Seit dem 20. 2. 2007 leben in unserem Tierpark zwei Lippenbären. Es sind die 13 Jahre alte Bärendame Bhima und die 10 Jahre jüngere Bärin Renate. Lippenbären gibt es nur noch selten, denn ihr Lebensraum wird mehr und mehr zerstört. Außerdem wurden sie von den Menschen verfolgt und beinahe ausgerottet. Wenn das Wetter kalt und nass ist, müssen die beiden Bären im Bärenhaus bleiben. Scheint aber die Sonne, rennen Renate und Bhima schnell nach draußen. Dort finden sie jeden Tag neue und interessante Dinge. Im morschen Holz, unter Steinen und im Erdboden suchen sie kleine Insekten oder Früchte. Die Ernährungsweise der Lippenbären ist übrigens recht ungewöhnlich! Wenn Lippenbären ihre Lippen weit vorstrecken, können sie mit ihnen eine richtige Röhre bilden. Genau in der Mitte ihrer Kiefer haben sie außerdem eine große Zahnlücke. Wenn sie durch das Rohr also blasen und saugen, dann wird der Luftstrom nicht von den Zähnen gebremst. Finden die Bären beispielsweise einen Termitenbau, blasen sie immer wieder in die Öffnung, bis die Termiten alle wild durcheinandergewirbelt werden. Dann saugen sie ihre Beute auf wie ein Staubsauger. Dieses Saugen und Blasen kann so laut werden, dass man es auf 200 Meter Entfernung noch hören kann! Als geschickte Kletterer holen sich Bhima und Renate wie alle Lippenbären ihren pflanzlichen Anteil ihrer Nahrung direkt aus den Bäumen. Gern steigen sie auf Bäume …

Text 2: Übersicht – Lippenbären

Familie: Bären

Ordnung: Fleischfresser

Art: Lippenbär

Verbreitung: Bangladesch, Bhutan, Indien, Nepal, Sri Lanka

Lebensraum: Regenwald

Maße und Gewicht: Körperlänge: 140–190 cm
Gewicht: 90 bis 135 kg
Schwanzlänge: 10–12,5 cm

Text 3: Gründe, warum Tiere aussterben, sind vielfältig

- Ölverschmutzung der Meere
- Zerstörung von Lebensraum, z. B. von Wäldern
- Ausrottung durch Fischerei
- Einsatz von Giften
- Umweltverschmutzung
- Jagd
- Naturkatastrophen

1. Wann kamen die zwei Bären in den Tierpark?

____

2. Wie alt ist Renate?

☐ 13 Jahre
☐ 10 Jahre
☐ 3 Jahre
☐ 9 Jahre

3. Markiere im Text die Zeile, wo Renate und Bhima bei schlechtem Wetter sind.

4. Was fressen Lippenbären?
Antworte in einem ganzen Satz.

____

5. Schreibe den letzten Satz von Text 1 sinnvoll zu Ende.

Gern steigen sie auf Bäume ________________________

____

6. Stelle dir vor, du bist im Tierpark und begegnest einem Tierpfleger, der die Lippenbären versorgt.
Welche Frage würdest du dem Tierpfleger gern stellen?
Schreibe deine Frage auf.

7. Können die folgenden Angaben stimmen?
Kreuze die richtigen Aussagen an.

Der Lippenbär Bhima …

- ☐ ist 252 cm lang.
- ☐ wiegt 130 kg.
- ☐ hat eine Schwanzlänge von 25 cm.
- ☐ kommt aus Sri Lanka.

8. Stimmt es, dass Lippenbären beim Essen manchmal sehr laut sind?
Finde ein Beispiel im Text und schreibe es heraus.

9. Finde die zwei Hauptgründe, warum der Lippenbär vom Aussterben bedroht ist, und markiere diese in Text 3.

10. Unterteile Text 1 in fünf sinnvolle Abschnitte. Benutze die Zeilenzählung am Rand des Textes.

1. Abschnitt: von Zeile 1 („Seit“) bis Zeile 3 („Renate“)
2. Abschnitt: ____________________
3. Abschnitt: ____________________
4. Abschnitt: ____________________
5. Abschnitt: ____________________

11. In welcher Reihenfolge verlassen die Eltern und Kinder den Tierpark?

Mutti, Vati und die drei Kinder haben im Tierpark viele Tiere gesehen. Nun sind sie am Ausgang und gehen durch die Drehtür. Erik geht nicht als Erster durch diese Tür. Susi bleibt nicht am kürzesten und auch nicht am längsten im Tierpark. Mutti geht gleich nach ihrem Sohn Erik durch die Drehtür. Vati geht nicht als Zweiter. Nils läuft durch die Ausgangstür, als nach Vati noch jemand von der Familie gegangen ist.

____

____

▶ Kompetenzbereich Sprache und Sprachgebrauch untersuchen

Ein seltsamer Spaziergang

Die Spinne Frieda hat Geburtstag. Einige Tiere sind zur Feier eingeladen.

Sie treffen sich um 9.00 Uhr am Waldrand und laufen los.

Der rote Marienkäfer Pünktchen geht hinter dem glitschigen Regenwurm Hugo her. Der Regenwurm Hugo kriecht hinter der stets fröhlichen Ameise Flitzi her. Die Ameise Flitzi krabbelt der lahmen Schnecke Rutschi nach.

Der Schmetterling Luftikus sieht alle Tiere von oben und fliegt hinter Pünktchen her.

Schon bald sind die Tiere gut bei Frieda angekommen.

Die Spinne wartet schon auf ihre Gäste und begrüßt alle Tiere.

1. Schreibe aus den folgenden Sätzen die Verben (Tunwörter) im Infinitiv (Grundform) auf die Zeile.
   Tipp: Schlage im Wörterbuch nach, wenn du dir unsicher bist.

   Pünktchen geht. ____________________

   Hugo kriecht. ____________________

   Luftikus sieht alle Tiere. ____________________

2. Finde im Text jeweils zwei Nomen (Namenwörter) für jede Tabellenspalte.
   Fülle die Tabelle dann mit Wörtern deiner Wahl auf.

Nomen mit zwei Silben	**Nomen mit drei Silben**

3. Ordne folgende Wörter nach dem Alphabet.

Spinne Marienkäfer Regenwurm Ameise Schnecke Schmetterling

4. Hier ist eine Wortfamilie zusammengestellt.
Sortiere die Wörter nach Nomen (Namenwörtern), Verben (Tunwörtern) und Adjektiven (Wiewörtern). Schreibe bei den Nomen immer den Artikel (Begleiter) dazu.

anfahren, abfahren, Fahrt, Fahrer, gefahrlos, erfahren, Durchfahrt, Ausfahrt, fahrig, fahrtüchtig, gefahren

Nomen	**Adjektiv**	**Verb**

5. Unterstreiche in der Wortfamilie von Aufgabe 4 den Wortstamm.
Fallen dir noch weitere Wörter zur Wortfamilie ein?
Nenne mindestens zwei.

6. Im Text „Ein seltsamer Spaziergang“ kommt das Verb (Tunwort) „ankommen“ vor. „An-“ ist eine Vorsilbe.
Finde für diese Vorsilbe fünf andere Beispielwörter und schreibe sie auf.

7. Es gibt aber noch andere Vorsilben.
Nenne vier weitere Vorsilben und finde jeweils ein passendes Beispiel dazu.

Vorsilbe	**Beispielwort**

8. Im Text oben sind einige Adjektive (Wiewörter) versteckt.
Schreibe sie in ihrer Grundstufe heraus und bilde dann die Vergleichsstufen.

Grundstufe	**Höherstufe**	**Höchststufe**

9. Unterscheide bei den folgenden Sätzen von Spinne Frieda, ob es sich um einen Aussage-, einen Frage- oder einen Ausrufesatz handelt.

„Ach, wie freue ich mich, euch zu sehen!“

____

„Habt ihr den Weg gut gefunden?“

____

„Mein Netz ist nicht so gut zu sehen.“

____

„Wo sind meine Geschenke?“

____

„Ein Buch, toll!“

____

10. In jeder Zeile ist ein Wort eingefügt, das nicht zur Wortart in dieser Zeile passt.
Suche es und streiche es durch. Begründe deine Auswahl.

SINGEN	TANZEN	SPRINGEN	BALLETT

Begründung: ______________________________

ICH	WIR	UND	ES

Begründung: ______________________________

SCHNELL	WEIT	GUT	RUFEN

Begründung: ______________________________

11. Stelle den Satz ein Mal um und schreibe ihn auf.
Umkreise dann in allen Sätzen die Satzglieder.

Die Spinne Frieda hat heute gute Laune.

Sie sitzt vor ihrem Netz.

Den Kuchen für ihre Gäste hat sie schon heute Morgen gebacken.

Sprachtest 2

Fußball

Seit einigen Wochen spielt Ole Fußball im Verein. Es macht ihm viel Spaß und er freut sich auf jedes Spiel.

Jeden Dienstag ist Training. Dann fährt Ole mit dem Fahrrad zum Fußballplatz.

Sein Trainer und die anderen Jungen kommen natürlich auch. Ole rennt und dribbelt und übt, wie man ohne Ballverlust schnell läuft. Ole hat schon viele Tore geschossen.

Sein Lieblingsspieler ist Michael Ballack.

1. Schreibe aus dem Text die vier grau hinterlegten Verben (Tunwörter) ab.

____

____

2. Finde zu jedem Verb (Tunwort) aus Aufgabe 1 den passenden Infinitiv (Grundform).

____

____

3. Unterstreiche den Wortstamm der Verben (Tunwörter) in Aufgabe 1 und 2.

4. Beuge das Verb (Tunwort) „laufen" und schreibe es mit den richtigen Endungen auf.

ich lauf __________	wir __________
du l __________	ihr __________
er/sie/es __________	sie __________

5. Welches Wort passt nicht dazu?
Streiche es durch. Beachte bei deiner Auswahl die Begründung!

spielen	dribbeln	kommen	Ball

Begründung: Das durchgestrichene Wort ist kein Verb (Tunwort).

Ball	Spieler	Tor	Junge

Begründung: Das durchgestrichene Wort steht im Plural (Mehrzahl).

fährt	schießen	rennt	kommt

Begründung: Das durchgestrichene Wort ist nicht gebeugt.

6. Suche aus dem Text „Fußball“ drei zusammengesetzte Nomen (Namenwörter) heraus und schreibe die einzelnen Bestandteile auf.

7. Verbinde die Sätze mit dem Bindewort in Klammern.
Schreibe den neuen Satz auf.

Ole ist glücklich und stolz. Er hat ein Tor geschossen. (DENN)

Der Torwart ärgert sich. Er hat heute sehr viele Schüsse auf sein Tor abgewehrt! (OBWOHL)

Ole will seinen Erfolg sofort seinem Vater erzählen. Er ist noch im Büro. (DOCH)

8. Ersetze alle Wörter in Klammern durch Pronomen (Fürworter).

Heute ist Dienstag. Ole hat Training. (Ole) ______ sucht nach seinen Fußballschuhen. (Ole) ______ hat (die Schuhe) ______ doch noch gestern in die Garderobe geschmissen, als (Ole) ______ vom Fußballspielen mit seinen Freunden heimgekommen ist!
„Mama!“, ruft (Ole) ______, „wo sind meine Fußballschuhe? Ich habe (die Schuhe) ______ doch gestern in die Garderobe geworfen und jetzt sind (die Schuhe) ______ nicht mehr da! Außerdem wolltest du unbedingt mein Trikot waschen! Wo ist (das Trikot) ______ jetzt? Kannst du (das Trikot) ______ mir jetzt geben? Bitte!“
Mama antwortet ruhig: „Das Trikot kann ich dir geben. Ich habe (das Trikot) ______ gewaschen. Auf deine Schuhe musst du schon selbst aufpassen. Aber ich glaube, (die Schuhe) ______ liegen oben auf deinem Schrank.“

9. Bestimme bei den grau hinterlegten Nomen (Namenwörter) das Geschlecht, ob es sich um den Singular (Einzahl) oder den Plural (Mehrzahl) handelt und in welchem Fall es steht.

Ole streichelt der Katze das Fell.

____

____

____

Der Trainer gab den Kindern ein paar Bälle.

____

____

____

Sprachtest 3

1. Diese Fabel von La Fontaine wird in der 1. Vergangenheit (Präteritum) erzählt.
Schreibe die Verben (Tunwörter) in Klammern also in der richtigen Zeitform in den Text. Beachte aber, dass in der wörtlichen Rede die Gegenwart (Präsens) verlangt wird.

Der Hase und die Frösche

Ein Hase ______________ (sitzen) in seinem Bau und ______________ (grübeln). „Wer furchtsam ist", ______________ (denken) er, „ist eigentlich unglücklich dran. Nichts kann er in Frieden genießen, immer gibt es neue Aufregung für ihn. Ich ______________ (schlafen) vor Angst mit offenen Augen! Das ______________ (müssen) besser werden, sagt mir der Verstand. Aber wie?"
So ______________ (überlegen) er. Dabei ______________ (sein) er aber immerwährend auf der Hut, denn er ______________ (sein) nun einmal misstrauisch und ängstlich. Plötzlich ______________ (hören) er ein leises Säuseln. Sofort ______________ (springen) der Hase auf und ______________ (rennen) davon. Er ______________ (hetzen) bis an das Ufer eines Teiches. Da ______________ (springen) die aufgescheuchten Frösche alle ins Wasser.
„Oh", ______________ (rufen) der Hase, „sie fürchten sich vor mir! Da ______________ (geben) es also doch Tiere, die sich vor mir, dem Hasen, fürchten! Was ______________ (sein) ich für ein Held!"

2. Setze die eingesetzten Verben (Tunwörter) aus Aufgabe 1 in die 2. Vergangenheit (Perfekt). Beachte die Personalform.

____

____

____

____

____

3. Wie kann etwas sein?
Bilde passende Adjektive (Wiewörter). Beachte, dass Adjektive kleingeschrieben werden.

grau wie eine Maus: ______________________

gerade wie eine Schnur: ______________________

klar wie ein Kristall: ______________________

schwarz wie ein Rabe: ______________________

scharf wie ein Messer: ______________________

weich wie Samt: ______________________

weiß wie Schnee: ______________________

4. Fülle die Tabelle aus.

Grundform	**1. Vergangenheit**	**2. Vergangenheit**	**Zukunft**
	ich fuhr	es	du
graben	wir	ich	du
	er	ihr	wir werden schweigen
beißen	ich	sie	ihr
beginnen	ich	ihr	du
	es riss	ich	wir

5. Unterstreiche in den folgenden Sätzen die Satzaussage.
Schreibe sie aus dem Satz heraus.
Tipp: Es kann auch zweiteilige Satzaussagen geben.

Der Hase ist ängstlich. ____________________

Er lief zum Teich. ____________________

Die Frösche sind ins Wasser gesprungen. ____________________

Bald werden sie wieder quaken. ____________________

Der Hase denkt über die Frösche nach. ____________________

6. Unterstreiche in den folgenden Sätzen die Orts- und Zeitangaben.
Welche Frage muss man bei den einzelnen Sätzen stellen, um die Orts- oder Zeitangaben zu finden?
Schreibe das Fragewort neben den Satz.

Der Hase kommt aus dem dunklen Wald. ____________________

Die Frösche hüpfen in das Wasser. ____________________

Der Hase sitzt in seinem Bau. ____________________

Er schläft gerne bis in die Morgenstunden. ____________________

Die Frösche quaken am Abend. ____________________

Der Hase ist seit einigen Tagen froh. ____________________

7. Ersetze das in Klammern angegebene Satzglied mit dem gleichartigen Satzglied des Satzes. Schreibe den Satz auf und unterstreiche die einzelnen Satzglieder.

Ein ängstliches Tier versteckt sich gerne im hohen Gras. (der Hase)

____

____

Die Frösche treffen dort, wo sie sich immer aufhalten, auf den Hasen. (am Teich)

____

____

Kompetenzbereich Rechtschreibung

Rechtschreibtest 1

1. Prüfe, ob alles richtig geschrieben ist. Die Zahl am Ende der Zeile verrät dir die Anzahl der Fehler.
Korrigiere die Fehler auf der Zeile unter dem Text.
Tipp: Lies den Text mehrmals durch. Beachte:
- Sind alle Namenwörter und Satzanfänge großgeschrieben?
- Sind die Tunwörter und Wiewörter kleingeschrieben?
- Sind die Satzzeichen bei der wörtlichen Rede richtig gesetzt?
- Sind alle dir bekannten Wörter richtig geschrieben?

Auf dem Spielplatz

Die Kinder der Klasse 4a waren am letzten Donerstag (1)

gemeinsam auf einem Abenteuerspilplatz, der „Piratenburg" (1)

heisst. Dort hat es Tim so gut Gefallen, das er seine Eltern (3)

bittet Lasst uns dort auch mal zusammen hinfahren! (3)

das tun sie am folgenden Sonntag. Mama packt einen Korp (2)

mit etwas zu eßen und zu trinken und los geht's. Tim und seine (1)

schwester laufen nach ihrer Ankunft sofort los und besichtigen (1)

das grosse Piratenschiff. Sie spielen Pirat und halten auf dem (1)

Dek nach Schifen Ausschau. Danach haben sie hunger und (3)

durst. Sie gehen alle auf eine Wise und piknicken. (3)

2. Entscheide dich bei dem folgenden Text für eine der beiden Schreibweisen und füge das Wort ein.

Mit der Klasse/Klase ______________ auf dem Spielplatz

Wenn man nicht aufpasst, fällt/fält ______________ man leicht von diesen wakeligen/wackeligen ______________________ Balken des Piratenschiffes herunter! Toll ist das Indianerzelt, das tipi/Tipi __________. Hier gibt es eine Feuerstelle, über der man Würstchen grillen/grilen __________________ kann. Ganz am Schlus/Schluss ________________ gibt es von der Lererin/Lehrerin ______________ noch ein Eis/eis __________. Der Tag/Tak ____________ war lustik/lustig __________ !

3. Streiche in jeder Reihe das Wort durch, das nicht zu den Rechtschreibbesonderheiten der anderen passt.
Begründe deine Entscheidung.

klettert	brennt	geht	öffnet

Begründung: ____

Räume	Mäuse	Träume	Freude

Begründung: ____

mähte	nähte	Fährte	nährte

Begründung: ____

4. „Meine Kopfwörter"
Schreibe zehn Wörter auf, die du ohne Hilfe sicher schreiben kannst.

____

____

____

____

____

____

 **5.** Fehlerteufel vertreiben

a) Finde und unterstreiche den Fehler.
b) Schreibe das Wort richtig daneben.
c) Erkläre, warum das Wort so geschrieben wird.

a) wir renen b) wir ____________

c) ______________________________

a) die Beume b) die ____________

c) ______________________________

a) Ich bin Groß. b) Ich bin ____________

c) ______________________________

a) in vir Jahren b) in ____________

c) ______________________________

a) die Fächcher b) die ____________

c) ______________________________

a) die Heitzung b) die ____________

c) ______________________________

6. „Das“ oder „dass“? Kennst du den Unterschied?
Setze im Text ein.
Tipp: „Das“ kann mit „welches“, „jenes“ oder „dieses“ ersetzt werden und bezieht sich meist auf ein Nomen (Namenwort). „Dass“ leitet einen Nebensatz ein und kann nicht durch ein anderes Wort ersetzt werden.

Nora findet, da__ es eigentlich sehr schön ist, da__ sie einen großen Bruder hat. Da__ hat viele Vorteile, meint Nora. Sie findet gut, da__ Tim so viel über sie weiß. Zum Beispiel, da__ sie oft Angst vor anderen Kindern hat. Oder da__ sie nicht gerne alleine in den Keller geht. Tim hilft ihr oft. Er steht ihr bei und da__ ist wirklich nett von ihm. Er hat Nora zum Geburtstag ein silbernes Schutzengelchen an einem Halsband geschenkt, da__ Nora immer um den Hals trägt. Aber da__ Nora ängstlich ist, da__ hat Tim auch schon ausgenutzt. Dann hat er Nora geärgert und erschreckt. Da__ wiederum findet Nora an ihrem großen Bruder nicht so gut. Aber wenn sie länger darüber nachdenkt, ist sie doch meistens froh, da__ sie Tim hat!

7. Trenne die Wörter in ihre Silben.

Eier ____________________

Menschen ____________________

Beule ____________________

Spiel ____________________

necken ____________________

tropfen ____________________

Hexe ____________________

Katze ____________________

Rechtschreibtest 2

1. Prüfe, ob alles richtig geschrieben ist.
   Korrigiere die Fehler auf der Zeile unter dem Text.

Retter in der Not

Tim und seine Schwester Nora spielen auf dem grossen

Abenteuerspielplatz. Da sehen sie neben der riesichen

Schauckel plötzlich einen kleinen Jungen, der alein dasteht und

weint. Sie Fragen ihn, was los ist. der Junge hat seine Eltern

beim Spielen verloren und kan sie nicht wiederfinden. Tim sakt

seinen Eltern Bescheid. Gemeinsam gehen sie zur Kase.

Die Frau dort kan über lautsprecher eine Durchsage machen,

das ein kleiner Junge namens Ole seine Eltern Sucht. Bald

darauf komen die Eltern des Kleinen ganz aufgerekt zur Kase

und sind sehr fro, ihren Jungen wiedergefunden zu haben.

Sie sagen zu Tim und Nora: Das habt ihr gut gemacht!“

Zum Dank spendieren sie Ihnen noch ein Eis. Nach diesem

Erlebnis farren Tim und Nora mit ihren Eltern nach Hause.

2. Tim und Nora finden auf dem Spielplatz einen kleinen weinenden Jungen und versuchen, ihm zu helfen.
Füge in dem folgenden Gespräch die Satzzeichen ein.
Achte besonders auf die Zeichen der wörtlichen Rede.

Tim __ hockt __ sich __ neben __ den __ Jungen __ und __ fragt __
leise __ Hat __ dir __ jemand __ weh __ getan __
__ Nein __ antwortet __ der __ Junge __ schluchzend __ mir __ hat __
niemand __ weh __ getan __ Ich __ finde __ aber __ meine __ Mama
__ und __ meinen __ Papa __ nicht __ mehr __
__ Wo __ hast __ du __ sie __ zuletzt __ gesehen __ fragt __ Nora __
__ Weiß __ ich __ nicht __ mehr __ Der __ Junge __ ist __ ganz __
verzweifelt __
__ So __ kommen __ wir __ nicht __ weiter __ stellt __ Tim __ fest __
Nora __ fragt __ Sollen __ wir __ unseren __ Eltern __ Bescheid __
geben __
Tim __ ruft __ Gute __ Idee __ Er __ überlegt __ kurz __ Dann __ meint
__ er __ Wir __ können __ mit __ dem __ Jungen __ zur __ Kasse __
gehen __ und __ ihn __ ausrufen __ lassen __

3. Welche Schreibweise ist richtig?
Kreuze an.

- ☐ Spass
- ☐ Spaß
- ☐ Spas

- ☐ Grass
- ☐ Graß
- ☐ Gras

- ☐ Fuss
- ☐ Fuß
- ☐ Fus

- ☐ gross
- ☐ groß
- ☐ gros

- ☐ Gruss
- ☐ Gruß
- ☐ Grus

- ☐ nass
- ☐ naß
- ☐ nas

4. „k“ oder „ck“?
Löse das Rätsel.
Die dick umrandeten Kästchen ergeben zusammen gelesen das Lösungswort.

Das Gegenteil von Pech ☐☐☐☐☐

Damit werden die Betten bezogen. Mit einem ☐☐☐☐☐

Kamele haben zwei ☐☐☐☐☐☐

Ein langsames, kleines Tier ☐☐☐☐☐☐☐☐

Nicht eine Kante, sondern eine ☐☐☐☐

Das machen manche Menschen in den Tee ☐☐☐☐☐☐

Ein Angler hat manchmal einen Fisch am ☐☐☐☐☐

Will man etwas verschicken, schnürt man ein ☐☐☐☐☐

Wenn man einen Stern malt, malt man viele ☐☐☐☐☐☐

Lösungswort: ☐☐☐☐☐☐☐☐☐

5. Kennst du diese Regel zu ck und k?
Vervollständige die Sätze.

Ist der Vokal (Selbstlaut) kurz gesprochen, schreibt man ________.

Ist der Vokal (Selbstlaut) lang gesprochen, schreibt man ________.

Nach Konsonanten (Mitlauten) kommt kein ________.

Rechtschreibtest 3

1. In dem Text sind die Punkte schon gesetzt, aber es fehlen die Kommas. Setze sie ein.

Unser Treffpunkt

Die __ Sonne __ scheint __ es __ wird __ sicherlich __ ein __ wunderschöner __ Tag! Ich __ frühstücke __ nicht __ sondern __ renne __ sofort __ zum __ Spielplatz. Ich __ warte __ ungeduldig __ darauf __ dass __ meine __ Freundin __ Klara __ endlich __ kommt. Auf __ dem __ Spielplatz __ gibt __ es __ eine __ Rutsche __ eine __ Schaukel __ eine __ Wippe __ und __ ein __ großes __ Netz __ zum __ Klettern. Mit __ Klara __ habe __ ich __ immer __ viel __ Spaß: Wir __ toben __ klettern __ rutschen __ und __ wippen __ zusammen.

2. Welche Schreibweise stimmt?
Kreuze an und schreibe in die Zeile darunter den Singular (Einzahl) des Wortes auf, beziehungsweise suche zum Verb (Tunwort) das passende Nomen (Namenwort).

☐ Schläuche
☐ Schleuche
der ______________

☐ Kräuter
☐ Kreuter
das ______________

☐ Bäutel
☐ Beutel
der ______________

☐ Bräute
☐ Breute
die ______________

☐ sich schnäuzen
☐ sich schneuzen
die ______________

☐ beräuen
☐ bereuen
die ______________

3. „s“, „ss“ oder „ß“?
Setze die richtigen Buchstaben in den Text ein.

Tim sa___ auf dem Holzboden de___ Piratenschiffes und lie___ sich treiben. Der Flu___ flo___ träge unter ihm dahin. Tim grü___te seine Schwester Nora, die sich gerade zu ihm setzte.
„Ist das nicht toll hier? Ein richtiger Genu___!“, rief Tim.
„Ja, hier drau___en ist ein prima Wetter!“, bestätigte Nora. „Ich war die ganze Zeit in der Bordküche und wu___te gar nicht, wie schön es hier ist!“
„Darf ich wi___en, was es zu e___en gibt?“, fragte Tim neugierig.
„Ein bi___chen dies, ein bi___chen das“, antwortete Nora geheimni___voll. „Nichts be___onderes, eigentlich. Aber soviel sei verraten: Es ist sü___!“
„Ich werde es genie___en“, meinte Tim. „Ich wei___ nämlich von meinem armen Bauch, dass er einen mord___mäßigen Hunger hat!“

4. Schreibe die aufgefüllten Wörter aus dem Lückentest noch einmal in die Tabelle. Doppelt aufgeführte Wörter musst du nur ein Mal aufschreiben.

Wörter mit „s“	Wörter mit „ss“	Wörter mit „ß“

5. Schreibe die Wörter richtig auf und kreuze dann an, welche Regel du angewandt hast. Beachte folgende Regeln:

Verlängern:	Wenn man ein Wort verlängert, hört man den letzten Laut deutlicher.
Namenwörter (Nomen):	Zu Nomen kann man einen Begleiter (Artikel) stellen. Sie werden großgeschrieben. Kann man keinen Artikel dazustellen, ist es kein Nomen und muss kleingeschrieben werden.

Wörter		Regel
Haus haus	______	☐ verlängern ☐ Nomen
runt rund	______	☐ verlängern ☐ Nomen
spannent spannend	______	☐ verlängern ☐ Nomen
Freund freund	______	☐ verlängern ☐ Nomen
Pferd pferd	______	☐ verlängern ☐ Nomen
Park park	______	☐ verlängern ☐ Nomen
bunt bund	______	☐ verlängern ☐ Nomen
Spiel spiel	______	☐ verlängern ☐ Nomen
breit breid	______	☐ verlängern ☐ Nomen
Hose hose	______	☐ verlängern ☐ Nomen
Kleid kleid	______	☐ verlängern ☐ Nomen

6. Schreibe die folgenden Buchstabenschlangen in Schreibschrift ab. Achte auf die Groß- und Kleinschreibung.

amspielplatzsteigendiekinderaus.

____

____

allesindganzneugierig.

____

siegehenindasriesigepiratenschiff.

____

____

diewackeligenbalkensindbesonderslustig.

____

____

timwollteaufbiegenundbrechenderersteaufdemschiffsein.

____

____

7. -ich oder -ig?
Bilde aus den Nomen (Namenwörtern) Adjektive (Wiewörter) und achte bei der Schreibung besonders auf die Endung.

Friede ________________

Wind ________________

Hass ________________

Ruhe ________________

Land ________________

Sand ________________

Schlamm ________________

▶ Kompetenzbereich Texte verfassen

1. Lisa ist die Klassensprecherin der 4a. Sie und ihre Mitschüler haben sich in einem Projekt überlegt, wie sie ihren tristen Schulhof schöner gestalten könnten. Sie haben in einem ersten Schritt Ideen und Gründe für eine Schulhofverschönerung gesammelt.

Die Ideen für einen neuen Schulhof:

- Wiese zum Fußballspielen
- eine große Wiese zur freien Nutzung
- ein Spielplatz mit einem Klettergerüst
- Sitzschlangen
- Vogelhäuser und „Insektenhotels"

Gründe, warum ihre Klasse den Schulhof umgestalten will:

- man kann sich beschäftigen
- man kann sich austoben
- Bewegung ist wichtig für die Schüler in der Pause
- die Pausen sind nicht mehr so langweilig

Finde in Stichworten selbst noch zwei Ideen und zwei Gründe für die Umgestaltung des Schulhofes.

2. In einem nächsten Schritt soll die Klassensprecherin Lisa dem Direktor ihrer Schule einen Brief schreiben.
Kannst du ihr helfen, den Brief zu verfassen? Versuche, den Direktor für die Ideen zu begeistern! Beachte aber auch, dass der Adressat ein Erwachsener ist.

Grundschule am Rathaus 17. 12. 2008

Klasse 4a

Lisa Stein, Klassensprecherin

Sehr geehrter Herr Direktor,

1. Maria möchte dich besuchen, doch sie kennt den Weg nicht. Sie schaut auf einem Stadtplan nach. Kannst du ihr den Weg erklären? Schreibe ihn auf.

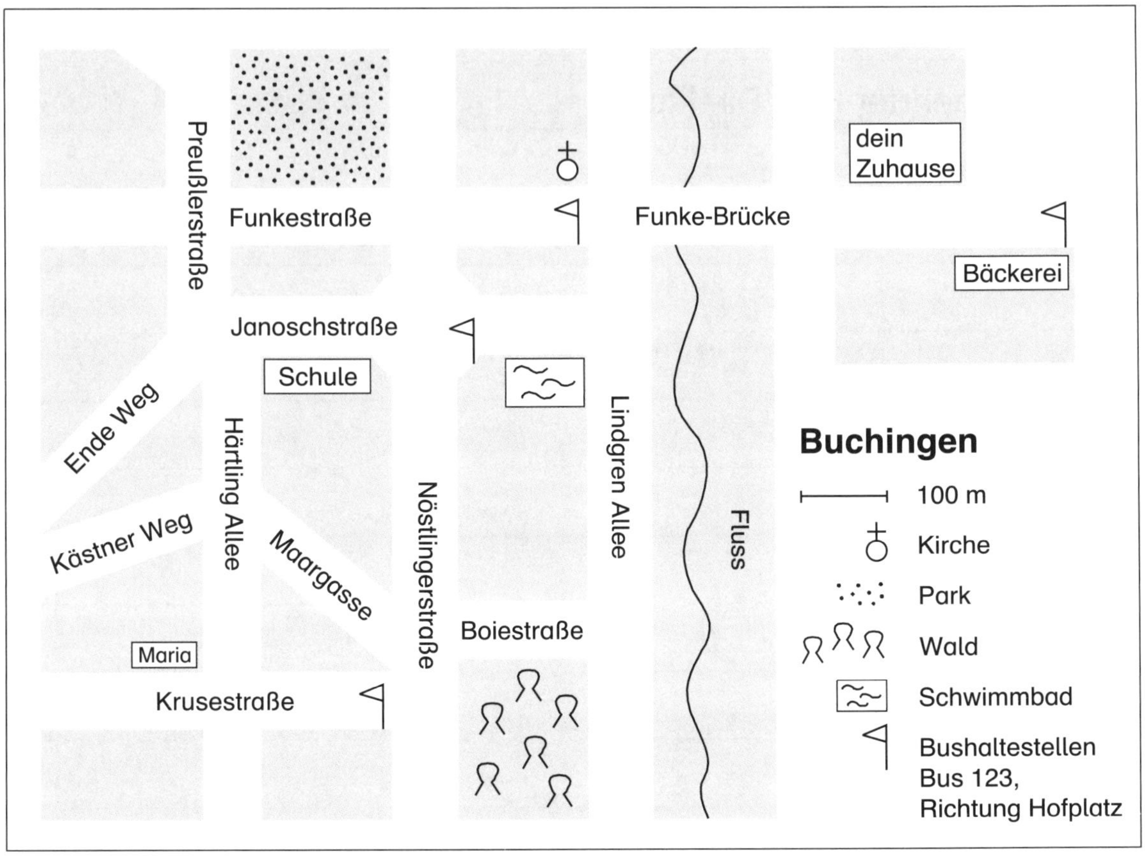

2. Der Weg ist Maria doch zu weit. Sie überlegt sich, dich mit dem Bus zu besuchen.
Du weißt, dass der Bus bei Maria zu jeder vollen Stunde und danach alle 15 Minuten abfährt. Für jede Station braucht der Bus etwa zwei Minuten.
Ihr habt euch für morgen Nachmittag um 16 Uhr verabredet.
Schreibe Maria in einer E-Mail, welchen Bus sie nehmen soll, wie lange sie braucht und wann sie aussteigen muss.

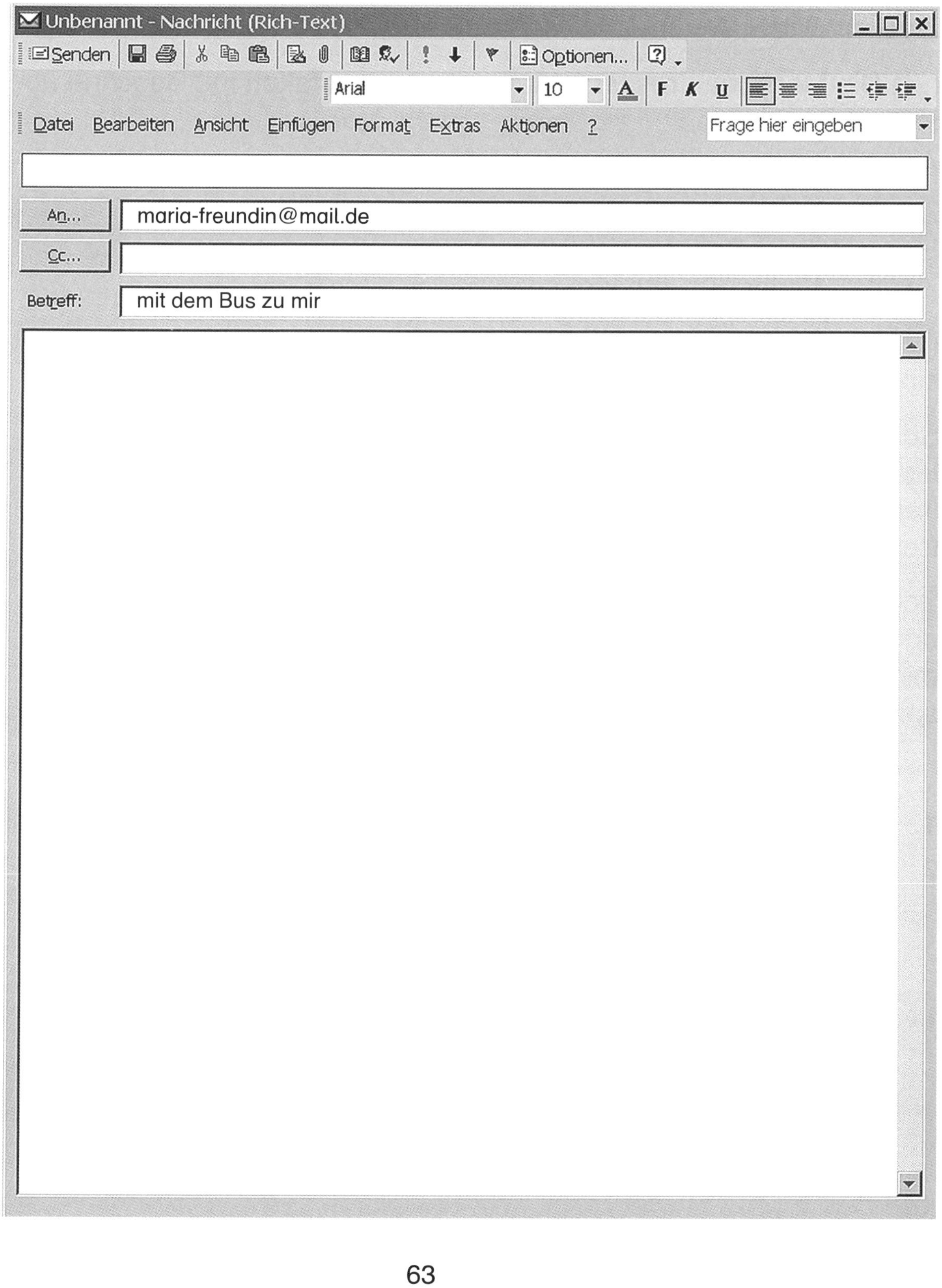

Kasperl unter den Wilden

Erster Wilder: Wuliwulipumdara.
Zweiter Wilder: Hungerli, nix fressi ganzi Tagi.
Erster Wilder: Ih aa! Diaboliverflixti.
Zweiter Wilder: Muri schmuri prdibixti.
Erster Wilder: Kokolimu kokolimu.
Zweiter Wilder: Mu mu.

(...) Die Menschenfresser finden Kasperl und fallen mit Geschrei über ihn her.

Erster Wilder: Fressi frassi.
Zweiter Wilder: Guti Bissi.
Erster Wilder: Spißibrati.
Zweiter Wilder: Kro kro kro.

(...) Die Menschenfresser schleppen Kasperl zu ihrer Feuerstelle. Dort singen sie:

Spißi spaßi Kasperladi
hicki hacki Karbonadi
trenschi transchi Appetiti
fressi frassi fetti fitti.

Schlicki schlucki Kasperluki
dricki drucki Mameluki
michi machi Kasperlores
spißi spaßi tscha kapores.

1. In der Geschichte „Kasperl unter den Wilden“ von Graf von Pocci schläft Kasperl seelenruhig nach einer langen Reise übers Meer auf einer abgelegenen Insel unter einer Palme. Doch bald kommen zwei Menschenfresser angeschlichen und überfallen Kasperl.
Diese Szene ist oben abgedruckt.

Die Wilden sprechen zwar eine merkwürdige Sprache, trotzdem kann man sie verstehen. In ihren Gesprächen geht es vor allem um das Wortfeld „Essen“.

Suche nun Wörter zum Wortfeld „Essen zubereiten“ und Wörter zum Wortfeld „Essen verzehren“. Du kannst auch aus dem Text Wörter zu den Wortfeldern finden.

Essen zubereiten: z. B. braten, würzen

Essen verzehren: z. B. verschlingen, mampfen

2. Stelle dir vor, die Menschenfresser unterhielten sich nach dem Singen darüber, wie sie den armen Kasperl zum Essen zubereiten könnten.
Wie könnte sich das Gespräch zwischen den Menschenfressern wohl anhören?
„Verbiege“ und verändere die Wörter aus den Wortfeldern aus Aufgabe 1 wie im Text „Kasperl und die Wilden“. Schreibe dann einen Dialog.
Wenn du willst, kannst du statt eines Gespräches auch eine neue Strophe für das Lied schreiben.

3. Natürlich wird Kasperl am Ende doch nicht von den Menschenfressern aufgefressen. Hast du eine Idee, wie sich Kasperl aus dieser scheinbar aussichtslosen Lage wieder befreien könnte? Vielleicht hilft ihm auch jemand bei der Flucht.
Schreibe die Geschichte zu Ende:
Kasperl saß gefesselt neben der Feuerstelle. Die Wilden hüpften um ihn herum. Plötzlich …

▶ Lösungen

Leseverstehenstest 1

Hinweis: *Lies dir zuerst alle Aufgaben gründlich durch. Lies danach den Text aufmerksam und beantworte dann die Fragen.*

1. Welche Aussage ist richtig?

Hinweis: *Die Lösung zu dieser Aufgabe findest du im Text in der Zeile 1.*

- [x] Pinguine haben Flügel.
- [ ] Pinguine haben keine Flügel, sondern nur Flossen.
- [ ] Pinguine haben Flügel und Flossen.
- [ ] Pinguine haben keine Flügel und auch keine Flossen.

2. Welche Aussage ist richtig?

Hinweis: *Die Lösung zu dieser Aufgabe findest du im Text in den Zeilen 1 bis 2.*

- [ ] Sie können gut fliegen und gut schwimmen.
- [x] Sie können nicht fliegen, aber dafür schwimmen.
- [ ] Sie können nicht fliegen und nicht schwimmen.
- [ ] Sie können nicht gut schwimmen.

3. Welche Aussage ist richtig?

Hinweis: *Die Lösung zu dieser Aufgabe findest du im Text in der Zeile 9.*

- [ ] Es gibt nur eine Art von Pinguinen.
- [x] Es gibt mehrere Arten von Pinguinen.

4. Welche Aussage ist richtig?

Hinweis: *Die Lösung zu dieser Aufgabe findest du im Text in der Zeile 11.*

- [ ] Die Kaiserpinguine brüten vier Eier aus.
- [ ] Die Kaiserpinguine brüten jedes Jahr verschieden viele Eier aus.
- [x] Die Kaiserpinguine brüten ein einziges Ei aus.
- [ ] Die Kaiserpinguine brüten drei Eier aus.

5. Welches ist die größte Pinguinart?

Hinweis: *Die Lösung zu dieser Aufgabe findest du im Text in den Zeilen 9 bis 10.*

Der Kaiserpinguin

6. In welcher Gegend leben Pinguine?

Hinweis: *Die Lösung zu dieser Aufgabe findest du im Text in den Zeilen 7 bis 8.*

Pinguine leben auf der südlichen Halbkugel der Erde, zum Beispiel in der Antarktis.

7. Wer brütet bei den Kaiserpinguinen das Ei aus?

Hinweis: *Die Lösung zu dieser Aufgabe findest du im Text in den Zeilen 11 bis 12.*

Das Männchen

8. Wer kümmert sich um den kleinen Pinguin?

Hinweis: *Die Lösung zu dieser Aufgabe findest du im Text in den Zeilen 14 bis16.*

Lösungsvorschläge:
Zuerst kümmert sich die Mama allein um den kleinen Pinguin, dann beide Eltern zusammen.
Beide Eltern kümmern sich um den kleinen Pinguin.

Leseverstehenstest 2

Hinweis: *Lies dir zuerst alle Aufgaben gründlich durch. Lies danach den Text aufmerksam und beantworte dann die Fragen.*

1. Was möchte Julia machen?

Hinweis: *Die Lösung zu dieser Aufgabe findest du im Text in der Zeile 2.*

- [x] Sie möchte auch so ein lustiges Leben führen wie Pippi.
- [ ] Sie möchte ein Tier.
- [ ] Sie möchte allein leben.
- [ ] Sie möchte in Schweden leben.

2. Wie heißt Julias Freundin?

Hinweis: *Die Lösung zu dieser Aufgabe findest du im Text in der Zeile 13.*

- [ ] Anna
- [x] Anne
- [ ] Lena
- [ ] Nadine

3. Was macht Julia gemeinsam mit ihrer Freundin?

Hinweis: *Die Lösung zu dieser Aufgabe findest du im Text in den Zeilen 14 und 15.*

- [ ] Sie holen das Pony.
- [x] Sie spielen Sachensucher.
- [ ] Sie wischen den Fußboden.
- [ ] Sie gehen gemeinsam in die Schule.

4. Was passiert, als Julia das Pony holt?

Hinweis: *Die Lösung zu dieser Aufgabe findest du im Text in den Zeilen 29 und 30.*

- [ ] Es läuft weg.
- [ ] Es beißt Julia.
- [ ] Es ist zu scheu und kommt nicht mit.
- [x] Es tritt Löcher in den Rasen.

5. Wie ist der Name des Ponys?

Hinweis: *Die Lösung zu dieser Aufgabe findest du im Text in den Zeilen 25 und 26.*

- [ ] Pippi
- [ ] Pumuckl
- [x] Poldi
- [ ] Lena kennt den Namen nicht.

6. Julia hat den Tag über ziemlich viel angestellt. Ihre Mutter will, dass sie die Spuren des Tages beseitigt. Was könnte sie zu Julia sagen? Schreibe vier bis sechs Sätze.

Hinweis: *Zuerst solltest du nachlesen, was Julia während des Tages alles schief gegangen ist. Eine Zusammenfassung findest du in den Zeilen 34 bis 36: Julia hat einen Eimer Wasser auf dem Fußboden ausgekippt und sie hat das Pony Poldi auf die Terrasse geführt, wo es Pferdeäpfel hinterlassen hat. In Zeile 29 steht außerdem, dass Poldi den Rasen zertrampelt hat. Wenn du diese Informationen gesammelt hast, musst du dir nur noch vorstellen, wie ihre Mutter auf das Chaos reagieren könnte.*

Lösungsvorschlag:

Julia, was hast du nur für ein Chaos angestellt? Wische bitte sofort das Wasser auf dem Fußboden auf! Und warum sind auf der Terrasse Pferdeäpfel? Sammle sie ein und verteile sie auf die Rosenbeete! Fülle außerdem die Löcher im Rasen mit Erde, bitte! Also wirklich, kann man dich denn nicht einmal für ein paar Stunden alleine lassen?

7. Julia kennt alle Geschichten von Pippi Langstrumpf! Weißt du auch etwas sie? Erzähle kurz, warum Pippi in der Villa Kunterbunt ganz alleine wohnt.

Hinweis: *Die Antwort auf diese Frage findest du nicht im Text. Die Frage ist nur zu beantworten, wenn du selbst Pippi Langstrumpf gelesen oder im Fernsehen gesehen hast. Aber vielleicht hat dich die Geschichte von Julia neugierig auf die Erlebnisse von Pippi Langstrumpf gemacht? Die Autorin von Pippi Langstrumpf heißt Astrid Lindgren. Bestimmt gibt es die Geschichten von Pippi Langstrumpf auch in deiner Bücherei zum Ausleihen!*

Lösungsvorschlag:

Pippi Langstrumpf wohnt alleine in der Villa Kunterbunt, weil ihre Mutter gestorben ist, als sie noch ganz klein war. Ihr Vater ist Kapitän auf einem Schiff und am Anfang der Geschichte auf hoher See verschollen.

1. Was für ein Haustier hätte Laura am liebsten gehabt?

Hinweis: *Die Lösung zu dieser Aufgabe findest du im Text in der Zeile 6.*

- [ ] eine Katze
- [x] einen Hund
- [ ] Fische
- [ ] eine Rennmaus

2. Warum möchte Laura ein etwas größeres Haustier?

Hinweis: *Die Lösung findest du im Text in den Zeilen 2, 4 und 5.*

- [ ] Sie hat ein großes Zimmer.
- [x] Sie möchte ein Tier zum Kuscheln und Spielen.
- [ ] Das Tier soll nicht so laut sein.
- [ ] Sie ist ja nicht mehr so klein.

3. Wie heißt Lauras Katze?

Hinweis: *Die Lösung zu dieser Aufgabe findest du im Text in den Zeilen 33/34.*

- [ ] Lisa
- [ ] Minka
- [x] Nelly
- [ ] Miezi

4. Wie alt ist die Katze, als Laura sie holen kann?

Hinweis: *Die Lösung zu dieser Aufgabe findest du im Text in den Zeilen 13 und 29.*

- [ ] sechs Wochen
- [ ] ein Jahr
- [x] acht Wochen
- [ ] Sie ist schon älter

5. Als die Katze zu Hause ist, gibt es ein kleines Problem. Welches?

Hinweis: *Die Lösung zu dieser Aufgabe findest du im Text in den Zeilen 47 bis 49.*

- ☐ Die Katze frisst nicht.
- ☐ Die Katze ist krank.
- ☒ Die Katze macht die Tapete kaputt.
- ☐ Die Katze will nicht spielen.

6. Laura sucht das ideale Haustier. Was ist mit ideal gemeint? Findest du ein anderes Wort dafür? Tipp: Du kannst auch in einem Wörterbuch nachschlagen.

Lösungsvorschlag:
Das Wort „ideal" bedeutet: passend/genau richtig/sehr geeignet.

7. Laura will ihre Eltern von der Haltung einer Katze überzeugen. Wie könnte sich das Gespräch angehört haben? Ergänze den Dialog mit deinen eigenen Worten. Du kannst dir Argumente aus dem Text holen oder auch eigene einfallen lassen.

Hinweis: *Hier kannst du Julia alle Gründe in den Mund legen, die du im Text findest, z. B. dass Katzen selbstständig und sauber sind, dass Laura ein Tier zum Spielen möchte oder dass sie schon auf einen Hund verzichten muss. Vielleicht fallen dir selbst noch andere Gründe ein, z. B.*
– es ist für Kinder gut, wenn sie lernen, sich um ein Tier zu kümmern.
– die Eltern haben wenig Arbeit mit der Katze, alles Nötige macht Laura selbst.
– mit der Katze muss man nicht Gassi gehen.

Lösungsvorschlag:
Laura bettelt: **„Ich hätte so gerne eine kleine Katze!"**
Aber ihr Papa meint: **„Wenn man ein Haustier hat, kann man nicht mehr in Urlaub fahren."**
Laura hält dagegen: **„Eine Katze kann auch einmal ein paar Tage alleine zu Hause bleiben. Außerdem würde sich Oma um die Katze kümmern!"**
Mama findet: **„Tiere machen zu viel Arbeit!"**
Doch Laura sagt: **„Katzen sind doch pflegeleicht! Man muss mit ihnen noch nicht einmal Gassi gehen!"**

Leseverstehenstest 4

1. Wer arbeitet im Cockpit?

Hinweis: *Die Lösung für diese Aufgabe findest du in den Zeilen 12 bis 14.*

Im Cockpit arbeiten der Kapitän, der Kopilot und der Funker.

2. Wo versteckt sich Lilli im Flugzeug?

Hinweis: *Die Lösung für diese Aufgabe findest du in der Zeile 8.*

- [ ] hinter den Beinen des Piloten
- [ ] an der Spitze der Tragfläche
- [ ] im Gepäck
- [x] hinter einem Sitzplatz

3. Welche Aufgaben hat der Funker?

Hinweis: *Die Lösung für diese Aufgabe findest du in den Zeilen 13 und 14.*

- [x] Er spricht mit der Bodenstation.
- [ ] Er bringt dem Kapitän den Tee.
- [x] Er berechnet den Kurs des Flugzeuges.
- [ ] Er steuert das Flugzeug.

4. Was für Instrumente befinden sich im Cockpit?

Hinweis: *Die Lösung für diese Aufgabe findest du in der Zeile 15.*

- [x] Kontrollinstrumente
- [ ] Führungsinstrumente
- [ ] Machtinstrumente
- [ ] Blasinstrumente

5. Was ist am Flugzeug kaputt?

Hinweis: *Die Lösung dieser Aufgabe findest du in der Zeile 19.*

- [ ] das Positionslicht auf der rechten Seite
- [ ] die Positionslichter auf der rechten Seite
- [x] das Positionslicht auf der linken Seite
- [ ] die Positionslichter auf der linken Seite

6. Welchen Weg muss sich Lilli suchen?

Hinweis: *Die Lösung dieser Aufgabe findest du in den Zeilen 25 bis 27.*

Lilli muss …

- [x] durch eine Luke schlüpfen.
- [ ] eine Leiter hinaufsteigen.
- [x] an den Benzintanks vorbei.
- [ ] vor den Leitungen scharf rechts.

7. Markiere die Textstelle, die zu diesem Satz passt.
Lilli erscheint vor dem Flugzeugführer.

Hinweis: *Achte darauf, dass du wirklich nur den Satz markierst, der auch genau passt. Du musst den Satz in der Zeile 22 markieren.*

Birne Lilli hüpft zum Kapitän und zeigt sich.

8. In welcher Farbe muss Lilli als Positionslicht leuchten?

Hinweis: *Die Lösung findest du im Text in der Zeile 27.*

Lilli muss gelb leuchten.

9. Beende den folgenden Satz sinnvoll.

Hinweis: *Überlege dir, wie sich die Piloten fühlen, als sie feststellen, dass Lilli das Positionslicht ganz einfach ersetzen kann.*

Lösungsvorschlag:
Als die Birne Lilli als Positionslicht hell aufleuchtet, sind die Piloten **erstaunt/begeistert/erleichtert/sehr froh/sprachlos.**

Leseverstehenstest 5

1. Wo findet das Fußballspiel der 3a gegen die 3b statt?

Hinweis: *Die Lösung zu dieser Aufgabe findest du im Text in der Zeile 3.*

- [ ] auf dem Sportplatz des Vereins
- [x] auf dem Sportplatz der Schule

2. Zu welchem Anlass findet das Spiel statt?

Hinweis: *Die Lösung zu dieser Aufgabe findest du im Text in der Zeile 2.*

- [ ] bei einem Turnier
- [x] beim Schulfest
- [ ] beim Sportfest
- [ ] beim Schützenfest

3. Wer steht im Tor?

Hinweis: *Die Lösung zu dieser Aufgabe findest du im Text in der Zeile 8.*

- [ ] Luis
- [x] Tobias
- [ ] Marie
- [ ] Herr Sander

4. Wie reagieren die Kinder der 3a, als sie erfahren, dass sie gegen die 3b spielen werden?

Hinweis: *Die Lösung findest du im Text in den Zeilen 4 und 10 bis 17.*

Lösungsvorschlag:
Die Kinder sind begeistert, aber Luis hat auch Bedenken, denn in der 3b sind einige sehr gute Spieler.
Ab jetzt trainieren sie oft.

5. Warum ist Luis am Tag des Fußballspiels so unsicher?

Hinweis: *Die Lösung zu dieser Aufgabe findest du im Text in den Zeilen 12 bis15.*

- [ ] Er wurde von einem der Gegenspieler bedroht.
- [ ] Er hatte einen bösen Traum.
- [x] Er hat sich verletzt und sein Knie ist noch nicht ganz in Ordnung.
- [ ] Er mag keine Zweikämpfe.

6. Was meinst du, warum ist das Wort „Tor“ in der Überschrift so geschrieben: „Toooooooooooor“?

Hinweis: *Diese Antwort findest du nicht im Text. Du musst dir überlegen, was der Autor des Textes damit sagen wollte, als er das Wort „Tor“ so geschrieben hat.*

Lösungsvorschlag:
Das Siegtor fällt erst in den letzten Minuten. Die Spieler sind daher besonders froh, dass sie noch gewonnen haben. Das „Tooooooor“ bedeutet, dass sie sehr laut jubeln, weil sie sich so freuen.

7. Bereite den Text ab Zeile 26 zum Vorlesen vor. Trage ihn deinen Eltern vor.

Hinweis: *Du liest dann gut vor, wenn du den Zuhörern den Inhalt des Textes verständlich und klar vermitteln kannst. Sehr gut liest du vor, wenn sich die Zuhörer nicht langweilen. Dafür musst du den Text kennen und verstehen.*
Wie fühlt sich die beschriebene Figur? Was könnte sie denken? Ist sie traurig oder freut sie sich? Versuche, dich auf die Geschichte und die Personen einzulassen. Lies den Text mehrmals laut und überlege: Wo sind Betonungen? Wo sind Pausen? Kennzeichne diese im Text. Wenn du dir nicht sicher bist, wie du etwas betonen oder aussprechen sollst, dann probe verschiedene Möglichkeiten und entscheide dich dann für die, die sich am besten anhört.
Wenn dir der Text zu lange vorkommt, dann unterteile ihn in kleinere Abschnitte. So behältst du immer den Überblick.
Es ist übrigens überhaupt nicht schlimm, wenn du dich beim Vorlesen verhaspelst, das passiert sogar ausgebildeten Schauspielern!
Bewahre die Ruhe, sammle dich kurz und lies dann einfach weiter.
Am schönsten liest du übrigens vor, wenn es dir Spaß macht, denn dann macht es mit Sicherheit auch deinen Zuhörern Spaß!

1. **Kreuze die richtige Antwort an.**

__Hinweis:__ Die richtige Lösung findest du in der Zeile 6.

Vanessa und Sara riechen an …

- ☐ gelben Osterglocken.
- ☒ einem blauen Veilchen.
- ☐ Weidenkätzchen.
- ☐ einer roten Tulpe.

2. **Stelle dir vor, du stehst neben Lena und siehst diesen Käfer. Was würdest du sie gern fragen?**

__Hinweis:__ Bei dieser Aufgabe musst du dir überlegen, was du Lena in dieser Situation fragen könntest. Denke daran, auch als Frage einen ganzen Satz zu schreiben.

Lösungsvorschläge:
Kitzelt das sehr? Kann ich den Käfer auch mal halten?

3. **Was passt gut zusammen? Verbinde jedes Nomen (Namenwort) mit einem passenden Verb (Tunwort).**

__Hinweis:__ Überlege dir, welche Verben und Nomen zusammenpassen. Blumen kannst du zum Beispiel nicht hören und die Wärme nicht riechen.

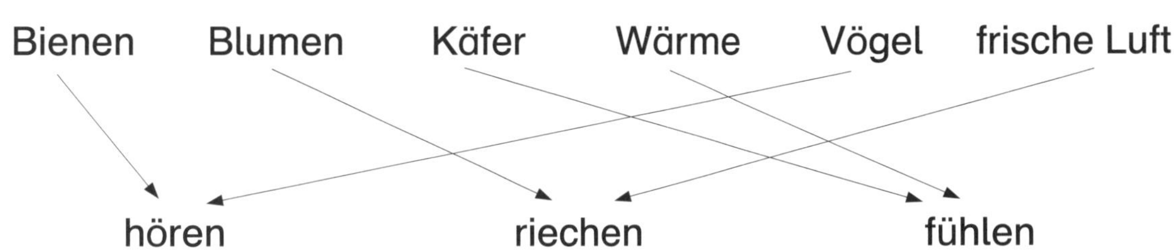

4. **Markiere im Text einen Satz, der uns sagt, dass man den Frühling fühlen kann.**

__Hinweis:__ Die Lösung für die Aufgabe ist der Satz in der Zeile 10. Weil es wieder wärmer wird, kann man fühlen, dass der Frühling kommt.

Nun wird es richtig warm, manche Kinder öffnen ihre Jacken.

5. Welche Jahreszeit gefällt dir am besten? Warum?

Hinweis: *Überlege dir hier, welche Jahreszeit dir am besten gefällt und schreibe eine kurze Begründung dazu.*

Lösungsvorschlag:
Mir gefällt der Winter am besten, weil ich da mit meinen Freunden eine Schneeballschlacht machen kann.

6. Ersetze das Wort „sehen" durch ein anderes treffendes Verb (Tunwort).

Hinweis: *Denke nach, welche anderen Wörter für „sehen" dir einfallen und suche eines aus, das gut in den Satz passt.*

Lösungsvorschlag:
Dort **entdecken/finden** die Kinder viele Ostereier in der Wiese.

7. Wie kann etwas sein?

Hinweis: *Hier musst du passende Adjektive (Wiewörter) finden und einsetzen. Adjektive sagen dir, wie etwas ist. Du schreibst sie immer klein.*

Lösungsvorschläge:
Die Bäume sind **alt / groß / dick**.
Die Osterglocken sehen **gelb / schön** aus.
Die Weidenkätzchen sind **weich / klein / hell**.

Leseverstehenstest 7

1. Welchen Wunsch hatten Michael und Nils schon lange?

Hinweis: *Die Lösung findest du in den Zeilen 3 und 4.*

Lösungsvorschlag:
Sie wollten im Garten zelten.

2. Kreuze die richtige Antwort an.

Hinweis: *Die Lösung findest du im Text in den Zeilen 7 und 8.*

In der Nacht scheint nur ein bisschen Licht in den Garten, weil …

- [ ] der Mond am Himmel steht.
- [ ] die Sterne leuchten.
- [x] eine Straßenlaterne an ist.
- [ ] der Mond und die Straßenlaternen leuchten.

3. Erkläre, warum Michael plötzlich hellwach ist.

Hinweis: *Die Lösung findest du in den Zeilen 8 bis 10. Du solltest die Textstelle etwas umformulieren, damit sie besser als Antwort passt.*

Lösungsvorschlag:
Michael ist hellwach, weil Nils Schlafsack leer ist und er auch nicht im Zelt ist.

**4. In welcher Reihenfolge erlebt es Michael?
Schreibe 1., 2., 3. und 4. richtig vor die Sätze.**

Hinweis: *Lies in den Zeilen 9 bis 16 noch einmal genau nach, was passiert, und nummeriere die Sätze dann entsprechend.*

4. Der Schatten kommt immer näher.
1. Nils ist nicht da.
3. Der Schatten bewegt sich schneller.
2. Ein Schatten huscht über die Zeltwand.

5. Wie fühlt sich Michael, als er draußen am Zelt einen Schatten sieht?

Hinweis: *Bei Aufgabe a musst du mit eigenen Worten beschreiben, wie Michael sich fühlt. Das fällt dir leichter, wenn du dir überlegst, wie du dich in dieser Situation gefühlt hättest.*
Bei Aufgabe b musst du einen Satz im Text unterstreichen. Am besten passen die Sätze „Michael stockt der Atem.“ und „Sein Herz klopft.“ in der Zeile 15.

a) Schreibe es mit eigenen Worten auf.

Lösungsvorschlag:
Er hat Angst, weil er allein ist. Er zittert und ist aufgeregt.

b) Markiere einen Satz im Text, der uns sagt, wie sich Michael allein im Zelt fühlt.

Lösungsvorschlag:
Michael stockt der Atem. Sein Herz klopft.

6. Warum war Nils nicht im Zelt?

Hinweis: *Die Lösung für diese Aufgabe findest du in den Zeilen 21 bis 23.*

Er suchte draußen vor dem Zelt seine neue Uhr.

7. Erzähle nun, wieso Nils am Ende wieder glücklich sein konnte.

Hinweis: *Diese Aufgabe musst du dir selbst erschließen. Überlege, wie du dich in der Situation fühlen würdest. Wahrscheinlich wärst du auch sehr glücklich, wenn deine neue Uhr wieder da wäre.*

Lösungsvorschlag:
Michael hat die Uhr entdeckt, jetzt war sie wieder da. Nils machte sie auch gleich an seinen linken Arm.

8. Wer war der Schatten?

Hinweis: *In den Zeilen 16 bis 20 liest du im Text, dass der Schatten näher kommt und Nils gleich darauf seinen Kopf ins Zelt steckt. Da sonst niemand erwähnt wird, muss also Nils der Schatten sein.*

Nils

9. Schreibe eine interessante Überschrift über den Text.

Hinweis: *Überlege dir eine Überschrift, die den Leser neugierig macht, aber noch nicht zu viel von der Geschichte verrät.*

Lösungsvorschläge:
Der Schatten / Eine Suche in der Nacht /
Spannende Nacht im Zelt / Nachts im Garten

10. Schreibe auf, was Nils geträumt haben könnte.

Hinweis: *Bei dieser Aufgabe kannst du dir ruhig etwas Fantastisches ausdenken. Wie du bestimmt selbst schon gemerkt hast, träumt man oft recht unrealistische Sachen.*

Lösungsvorschlag:
Seine Uhr spricht vielleicht mit Nils, ruft ihn, sagt ihm die Zeit und erzählt ihm, wie lang er noch mit Michael zelten kann.

11. Gib die Geschichte in wenigen Sätzen wieder.

Hinweis: *Bei einer Wiedergabe des Inhaltes musst du dich auf das Wesentliche der Geschichte beschränken. Die Geschichte muss also so kurz wie möglich nacherzählt sein, weiterhin aber logisch und nachvollziehbar bleiben. Achte auf einfache, kurze Sätze. Schreibe so sachlich wie möglich. Verwende immer das Präsens (die Gegenwartsform), auch wenn die Geschichte in der Vergangenheit erzählt wird.*
Lies deine Inhaltsangabe am Ende erneut durch und überlege, ob du noch einige Wörter oder sogar ganze Sätze streichen kannst. Je kürzer dir die Wiedergabe der Geschichte gelingt, desto besser!

Lösungsvorschlag:
Michael und Nils übernachten im Zelt im Garten. Michael wacht mitten in der Nacht auf. Schatten erschrecken ihn. Die Schatten stammen von Nils, der im Garten seine Uhr sucht. Michael findet die Uhr im Zelt. Beide schlafen beruhigt ein.

Leseverstehenstest 8

1. Wann kamen die zwei Bären in den Tierpark?

Am 20. 2. 2007

2. Wie alt ist Renate?

Hinweis: *Die Lösung für die Aufgabe findest du in den Zeilen 2 und 3. Dort steht, dass Bhima 13 Jahre alt ist und Renate 10 Jahre jünger, also 3 Jahre alt.*

- [ ] 13 Jahre
- [ ] 10 Jahre
- [x] 3 Jahre
- [ ] 9 Jahre

3. Markiere im Text die Zeile, wo Renate und Bhima bei schlechtem Wetter sind.

Hinweis: *Du musst im Text den Satz in den Zeilen 5 und 6 unterstreichen.*

Wenn das Wetter kalt und nass ist, müssen die beiden Bären im Bärenhaus bleiben.

4. Was fressen Lippenbären?
Antworte in einem ganzen Satz.

Hinweis: *Die Lösung findest du im Text in der Zeile 9.*

Lösungsvorschläge:
Die Lippenbären fressen kleine Insekten oder Früchte.
Die Lippenbären ernähren sich von Früchten und kleinen Insekten, zum Beispiel von Termiten.

5. Schreibe den letzten Satz von Text 1 sinnvoll zu Ende.

Hinweis: *Bei dieser Aufgabe musst du dir überlegen, wie der Text weitergehen könnte. Die Bären könnten zum Beispiel in den Ästen wippen oder miteinander um die Wette klettern.*

Lösungsvorschlag:
Gern steigen sie auf Bäume **und schaukeln dort oben in den Zweigen. Manchmal probieren sie auch aus, wer schneller klettern kann. Meistens gewinnt Bhima. Weil sie älter ist, kann sie wahrscheinlich auch besser klettern als Renate.**

6. Stelle dir vor, du bist im Tierpark und begegnest einem Tierpfleger, der die Lippenbären versorgt.
Welche Frage würdest du dem Tierpfleger gern stellen?
Schreibe deine Frage auf.

Hinweis: *Diese Frage kannst du nicht aus dem Text beantworten. Überlege dir, was dich noch interessieren würde und was im Text noch nicht beantwortet wurde.*

Lösungsvorschläge:
Ist den Bären denn im Zoo nicht langweilig?
Fallen die Bären beim Klettern niemals von den Bäumen?
Können die Bären auch richtig böse und gefährlich werden?
Werden die Bären auch zahm?

7. Können die folgenden Angaben stimmen? Kreuze die richtigen Aussagen an.

Der Lippenbär Bhima …

- [ ] ist 252 cm lang.
- [x] wiegt 130 kg.
- [ ] hat eine Schwanzlänge von 25 cm.
- [x] kommt aus Sri Lanka.

8. Stimmt es, dass Lippenbären beim Essen manchmal sehr laut sind? Finde ein Beispiel im Text und schreibe es heraus.

Finden die Bären beispielsweise einen Termitenbau, blasen sie immer wieder in die Öffnung, bis die Termiten alle wild durcheinander gewirbelt werden. Dann saugen sie ihre Beute auf wie ein Staubsauger. Dieses Saugen und Blasen kann so laut werden, dass man es auf 200 Meter Entfernung noch hören kann!

9. Finde die zwei Hauptgründe, warum der Lippenbär vom Aussterben bedroht ist, und markiere diese im Text 3.

Hinweis: *Die Hauptgründe, warum der Lippenbär vom Aussterben bedroht ist, stehen im Text 1 in den Zeilen 3 bis 5. Nun musst du diese Gründe im Text 3 heraussuchen und markieren.*

Zerstörung von Lebensraum, Jagd.

10. Unterteile Text 1 in fünf sinnvolle Abschnitte. Benutze die Zeilenzählung am Rand des Textes.

Hinweis: *Der Text besteht eigentlich aus zwei Texten, die miteinander verwoben wurden. Der erste Text handelt von den Lippenbären Bhima und Renate. Der zweite Text behandelt allgemein das Leben und die Verhaltensweisen der Lippenbären. Nun musst du die Stellen suchen, in denen der Text vom allgemeinen Teil zu Bhima und Renate wechseln.*

1. Abschnitt: von Zeile 1 („Seit“) bis Zeile 3 („Renate“)
2. Abschnitt: von Zeile 3 („Lippenbären“) bis Zeile 5 („ausgerottet“)
3. Abschnitt: von Zeile 5 („Wenn“) bis Zeile 9 („Früchte“)
4. Abschnitt: von Zeile 9 („Die“) bis Zeile 19 („kann“)
5. Abschnitt: von Zeile 19 („Als“) bis Ende

11. In welcher Reihenfolge verlassen die Eltern und Kinder den Tierpark?

Hinweis: *Schreibe dir die wichtigen Angaben in Stichpunkten auf. Dann musst du sie nur noch in die richtige Reihenfolge bringen.*
Erik: nicht als Erster
Mutti: nach Erik
Susi: nicht als Erste und nicht als Letzte
Vati: nicht als Zweiter
Nils: erst nachdem nach Vati noch jemand hinausgegangen ist

Vati, Susi, Nils, Erik, Mutti

Sprachtest 1

1. Schreibe aus den folgenden Sätzen die Verben (Tunwörter) im Infinitiv (Grundform) auf die Zeile.
Tipp: Schlage im Wörterbuch nach, wenn du dir unsicher bist.

Hinweis: *Verben im Infinitiv enden immer auf „e(r/l)n“ und werden kleingeschrieben.*

Pünktchen geht. **gehen**
Hugo kriecht. **kriechen**
Luftikus sieht alle Tiere. **sehen**

2. Finde im Text jeweils zwei Nomen (Namenwörter) für jede Tabellenspalte.
Fülle die Tabelle dann mit Wörtern deiner Wahl auf.

Hinweis: *Um die Silben eines Wortes herauszufinden, kannst du beim Suchen der Wörter im Text ganz deutlich sprechen und dazu klatschen.*

Lösungsvorschlag:

Nomen mit zwei Silben	Nomen mit drei Silben
Spinne **Frieda** **Schnecke** **Feier** **Gäste** **Pünktchen** **Flitzi**	**Geburtstag** **Regenwurm** **Ameise** **Schmetterling** **Luftikus**

3. Ordne folgende Wörter nach dem Alphabet.

Hinweis: *Sortiere erst nach dem ersten Buchstaben des Wortes. Bei Wörtern mit gleichem Anfangsbuchstaben sortierst du dann nach dem zweiten Buchstaben und so weiter.*

Ameise, Marienkäfer, Regenwurm, Schmetterling, Schnecke, Spinne

4. Hier ist eine Wortfamilie zusammengestellt. Sortiere die Wörter nach Nomen (Namenwörtern), Verben (Tunwörtern) und Adjektiven (Wiewörtern). Schreibe bei den Nomen immer den Artikel (Begleiter) dazu.

Hinweis: *Namenwörter bezeichnen Menschen, Tiere, Pflanzen und Dinge. Sie können einen Artikel haben.*
Beispiel: der Mann, das Haus, die Katze, ein Kind

Verben sagen dir, was jemand tut oder was geschieht.
Beispiel: laufen, singen, lesen

Adjektive sagen dir, wie etwas ist.
Beispiel: heiß, lustig, froh

Nomen	Adjektiv	Verb
die Fahrt	**gefahrlos**	**anfahren**
der Fahrer	**fahrig**	**gefahren**
die Durchfahrt	**fahrtüchtig**	**erfahren**
die Ausfahrt		**abfahren**

5. Unterstreiche in der Wortfamilie von Aufgabe 4 den Wortstamm. Fallen dir noch weitere Wörter zur Wortfamilie ein? Nenne mindestens zwei.

Hinweis: *Die Wörter innerhalb einer Wortfamilie haben einen gemeinsamen Wortstamm (gleichen „Familiennamen"). Den Wortstamm einer Wortfamilie findest du, indem du Endungen und Vorsilben streichst.*
Beispiel: gefahren, Wortstamm: fahr

an**fahr**en, ab**fahr**en, **Fahr**t, **Fahr**er, ge**fahr**los, er**fahr**en, Durch**fahr**t, Aus**fahr**t, **fahr**ig, **fahr**erlos, ge**fahr**en

Lösungsvorschlag für zwei weitere Wörter:
befahren, Überfahrt

6. Im Text „Ein seltsamer Spaziergang" kommt das Verb (Tunwort) „ankommen" vor. „An-" ist eine Vorsilbe. Finde für diese Vorsilbe fünf andere Beispielwörter und schreibe sie auf.

Lösungsvorschlag:
angenehm, anbringen, Ansammlung, anschnallen, anschleichen

7. Es gibt aber noch andere Vorsilben. Nenne vier weitere Vorsilben und finde jeweils ein passendes Beispiel dazu.

Lösungsvorschlag:

Vorsilbe	Beispielwort
ver-	**versprechen**
er-	**erdulden**
ab-	**abwägen**
weg-	**weglassen**

8. Im Text oben sind einige Adjektive (Wiewörter) versteckt. Schreibe sie in ihrer Grundstufe heraus und bilde dann die Vergleichsstufen.

Hinweis: *Adjektive können in der Grund-, der Höher- und der Höchststufe vorkommen. Damit kannst du Vergleiche herstellen.*
Beispiel:

Grundstufe	*Höherstufe*	*Höchststufe*
Hilde ist klein.	*Hilde ist kleiner als Anna.*	*Hilde ist am kleinsten.*

Beachte, dass es bei der Bildung der Vergleichsstufen auch unregelmäßige Formen gibt.

Grundstufe	Höherstufe	Höchststufe
rot	**röter**	**am rötesten**
glitschig	**glitschiger**	**am glitschigsten**
fröhlich	**fröhlicher**	**am fröhlichsten**
lahm	**lahmer**	**am lahmsten**
gut	**besser**	**am besten**

9. Unterscheide bei den folgenden Sätzen von Spinne Frieda, ob es sich um einen Aussage-, einen Frage-, oder einen Ausrufesatz handelt.

Hinweis: *In dieser Aufgabe musst du zwischen den verschiedenen Satzarten unterscheiden.*
Aussagesatz: Wir erzählen oder berichten etwas. Am Satzende steht ein Punkt.
Fragesatz: Wir fragen nach etwas. Am Satzende steht ein Fragezeichen.
Ausrufesatz: Wir rufen etwas, fordern auf oder befehlen etwas. Am Satzende steht ein Ausrufezeichen.

„Ach, wie freut es mich, euch zu sehen!“	**Ausrufesatz**
„Habt ihr den Weg gut gefunden?“	**Fragesatz**
„Mein Netz ist nicht so gut zu sehen.“	**Aussagesatz**
„Wo sind meine Geschenke?“	**Fragesatz**
„Ein Buch, toll!“	**Ausrufesatz**

10. In jeder Zeile ist ein Wort eingefügt, das nicht zur Wortart in dieser Zeile passt.
Suche es und streiche es durch. Begründe deine Auswahl.

SINGEN	TANZEN	SPRINGEN	~~BALLETT~~

Begründung: **„Ballett“ ist kein Verb (Tunwort), sondern ein Nomen (Namenwort).**

ICH	WIR	~~UND~~	ES

Begründung: **„Und“ ist kein Pronomen (Fürwort), sondern ein Bindewort.**

SCHNELL	WEIT	GUT	~~RUFEN~~

Begründung: **„Rufen“ ist kein Adjektiv (Wiewort), sondern ein Verb (Tunwort).**

11. Stelle den Satz ein Mal um und schreibe ihn auf. Umkreise dann in allen Sätzen die Satzglieder.

Hinweis: *Ein Satzglied besteht aus einem oder mehreren Wörtern. Man erkennt Satzglieder daran, dass sie beim Umstellen eines Satzes zusammenbleiben.*

Beispiel:
Anna / kauft / morgen / ein neues Kleid.
Ein neues Kleid / kauft / Anna / morgen.
Kauft / Anna / morgen / ein neues Kleid?

Lösungsvorschlag:

Die Spinne Frieda | hat | heute | gute | Laune.

Heute | hat | die Spinne Frieda | gute | Laune.

Sie | sitzt | vor ihrem Netz.

Sitzt | sie | vor ihrem Netz?

Den Kuchen | für ihre Gäste | hat | sie | schon | heute Morgen | gebacken.

Heute Morgen | schon | hat | sie | für ihre Gäste | den Kuchen | gebacken.

Sprachtest 2

1. Schreibe aus dem Text die vier grau hinterlegten Verben (Tunwörter) ab.

spielt, freut, rennt, übt

2. Finde zu jedem Verb (Tunwort) aus Aufgabe 1 den passenden Infinitiv (Grundform).

Hinweis: *Verben enden im Infinitiv immer auf „e(r/l)n".*

spielen, freuen, rennen, üben

3. Unterstreiche den Wortstamm der Verben (Tunwörter) in Aufgabe 1.

Hinweis: Der Wortstamm ist der Teil eines Wortes, der gleich bleibt, wenn man das Wort beugt. Den Wortstamm findest du, indem du Endungen und Vorsilben streichst.
Beispiel: ~~ge~~fahr~~en~~, Wortstamm: fahr

spielt, **spiel**en, **freu**t, **freu**en, **renn**t, **renn**en, **üb**t, **üb**en

4. Beuge das Verb (Tunwort) „laufen" und schreibe es mit den richtigen Endungen auf.

Hinweis: Verben stehen im Infinitiv oder in verschiedenen Personalformen. Wir unterscheiden zwischen Singular (Einzahl) und Plural (Mehrzahl). Beim Singular handelt es sich um eine Person (ich, du, er, sie, es). Beim Plural handelt es sich um mehrere Personen (wir, ihr, sie). Will man ein Verb in eine bestimmte Personalform stellen, muss man es beugen.

Beispiel:

1. Person Singular:	*ich rede*	*1. Person Plural:*	*wir reden*
2. Person Singular:	*du redest*	*2. Person Plural:*	*ihr redet*
3. Person Singular:	*er/sie/es redet*	*3. Person Plural:*	*sie reden*

ich lauf**e**	wir **laufen**
du **läufst**	ihr **lauft**
er/sie/es **läuft**	sie **laufen**

5. Welches Wort passt nicht dazu? Streiche es durch. Beachte bei deiner Auswahl die Begründung.

spielen	dribbeln	kommen	~~Ball~~

Begründung: Das durchgestrichene Wort ist kein Verb (Tunwort).

Ball	~~Spieler~~	Tor	Junge

Begründung: Das durchgestrichene Wort steht in der Mehrzahl.

Hinweis: Das Wort „Spieler" besitzt die gleiche Form in Mehrzahl und Einzahl (der Spieler – die Spieler). Die anderen Wörter verändern sich in ihrer Form in der Mehrzahl (Bälle, Tore, Jungen). Daher muss das falsche Wort „Spieler" sein.

fährt	~~schießen~~	rennt	kommt

Begründung: Das durchgestrichene Wort ist nicht gebeugt.

6. Suche aus dem Text „Fußball“ drei zusammengesetzte Nomen (Namenwörter) heraus und schreibe die einzelnen Bestandteile auf.

Hinweis: *Zusammengesetzte Nomen sind Namenwörter, die aus mindestens zwei Wörtern zusammengesetzt sind. Manchmal werden sie durch ein „s“ verbunden.*

Lösungsvorschläge:
Fußball = **Fuß + Ball**
Fußballplatz = **Fuß + Ball + Platz**, oder: **Fußball + Platz**
Ballverlust = **Ball + Verlust**
Lieblingsspieler = **Liebling + Spieler**

7. Verbinde die Sätze mit dem Bindewort in Klammern. Schreibe den neuen Satz auf.

Hinweis: *Mit Bindewörtern kann man zwei Sätze verbinden. Achte beim Verbinden der Sätze darauf, ob sich die Satzstellung ändert. Vor den Bindewörtern steht meist ein Komma (nicht bei „und“ und „oder“).*

Ole ist glücklich und stolz. Er hat ein Tor geschossen. (DENN)
Ole ist glücklich und stolz, denn er hat ein Tor geschossen.

Der Torwart ärgert sich. Er hat heute sehr viele Schüsse auf sein Tor abgewehrt! (OBWOHL)
Der Torwart ärgert sich, obwohl er heute sehr viele Schüsse auf sein Tor abgewehrt hat!

Ole will seinen Erfolg sofort seinem Vater erzählen. Er ist noch im Büro. (DOCH)
Ole will seinen Erfolg sofort seinem Vater erzählen, doch er ist noch im Büro.

8. Ersetze alle Wörter in Klammern durch Pronomen (Fürwörter).

Hinweis: *Pronomen ersetzen Nomen und helfen, Wiederholungen zu vermeiden. Man schreibt sie, außer am Satzanfang, immer klein.*

Heute ist Dienstag. Ole hat Training. **Er** sucht nach seinen Fußballschuhen. **Er** hat **sie** doch noch gestern in die Garderobe geschmissen, als **er** vom Fußballspielen mit seinen Freunden heimgekommen ist!
„Mama“, ruft **er**, „wo sind meine Fußballschuhe? Ich habe **sie** doch gestern in die Garderobe geworfen und jetzt sind **sie** nicht mehr da!

Außerdem wolltest du unbedingt mein Trikot waschen! Wo ist **es** jetzt? Kannst du **es** mir jetzt geben? Bitte!"
Mama antwortet ruhig: „Das Trikot kann ich dir geben. Ich habe **es** gewaschen. Auf deine Schuhe musst du schon selbst aufpassen. Aber ich glaube, **sie** liegen oben auf deinem Schrank."

9. Bestimme bei den grau hinterlegten Nomen (Namenwörtern) das Geschlecht, ob es sich um den Singular (Einzahl) oder den Plural (Mehrzahl) handelt und in welchem Fall es steht.

Hinweis: *Ein Nomen kann in verschiedenen Fällen stehen. Um den richtigen Fall erkennen zu können, musst du richtig fragen.*

Den 1. Fall (Satzgegenstand/Subjekt) findest du mit der Frage „Wer oder was?".
Beispiel: Ole streichelt der Katze das Fell.
Frage nach dem 1. Fall: Wer streichelt die Katze? → Ole

Den 3. Fall (Wemfall) findest du mit der Frage „Wem oder was?".
Beispiel: Ole streichelt der Katze das Fell.
Frage nach dem 3. Fall: Wem streichelt Ole das Fell? → der Katze

Den 4. Fall (Wenfall) findest du mit der Frage „Wen oder was?".
Beispiel: Ole streichelt der Katze das Fell.
Frage nach dem 4. Fall: Wen oder was streichelt Ole? → das Fell

Ole streichelt der Katze das Fell.
Ole: männlich, Singular (Einzahl), 1. Fall (Werfall)
der Katze: weiblich, Singular (Einzahl), 3. Fall (Wemfall)
das Fell: sächlich, Singular (Einzahl), 2. Fall (Wenfall)

Der Trainer gab den Kindern ein paar Bälle.
Der Trainer: männlich, Singular (Einzahl), 1. Fall (Werfall)
den Kindern: sächlich, Plural (Mehrzahl), 3. Fall (Wemfall)
Bälle: männlich, Plural (Mehrzahl), 2. Fall (Wenfall)

1. Diese Fabel von La Fontaine wird in der 1. Vergangenheit (Präteritum) erzählt.
Schreibe die Verben (Tunwörter) in Klammern also in der richtigen Zeitform in den Text. Beachte aber, dass in der wörtlichen Rede die Gegenwart (Präsens) verlangt wird.

Hinweis: *Die Gegenwart (das Präsens) verwendest du, wenn du sagen möchtest, was man gerade tut oder was gerade passiert.*
Beispiel:
Ich lese. Du denkst nach. Er freut sich.

Die 1. Vergangenheit (das Präteritum) verwendest du häufig, wenn du einen Text über etwas schreibst, das schon passiert ist.
Beispiel:
Ich rannte. Er las. Sie lachten.

Der Hase und die Frösche
Ein Hase **saß** in seinem Bau und **grübelte**. „Wer furchtsam ist", **dachte** er, „ist eigentlich unglücklich dran. Nichts kann er in Frieden genießen, immer gibt es neue Aufregung für ihn. Ich **schlafe** vor Angst mit offenen Augen! Das **muss** besser werden, sagt mir der Verstand. Aber wie?"
So **überlegte** er. Dabei **war** er aber immerwährend auf der Hut, denn er **war** nun einmal misstrauisch und ängstlich. Plötzlich **hörte** er ein leises Säuseln. Sofort **sprang** der Hase auf und **rannte** davon. Er **hetzte** bis an das Ufer eines Teiches. Da **sprangen** die aufgescheuchten Frösche alle ins Wasser.
„Oh", **rief** der Hase, „sie fürchten sich vor mir! Da **gibt** es also doch Tiere, die sich vor mir, dem Hasen, fürchten! Was **bin** ich für ein Held!"

2. Setze die eingesetzten Verben (Tunwörter) aus Aufgabe 1 in die 2. Vergangenheit (Perfekt). Beachte die Personalform.

Hinweis: *Die 2. Vergangenheit verwendest du häufig, wenn du von etwas erzählst, das schon passiert ist. Du benutzt diese Zeitform also hauptsächlich in der gesprochenen Sprache. Es braucht bei der Bildung immer ein „haben" oder „sein" in der richtigen Personalform.*
Beispiel: Ich habe gespielt. Sie hat gelesen. Du hast gelacht. Wir sind gerannt.

(er) saß	(er) hat/ist gesessen
(er) grübelte	(er) hat gegrübelt
(er) dachte	(er) hat gedacht

(ich) schlafe	(ich) habe geschlafen
(es) muss	(es) hat gemusst
(er) überlegte	(er) hat überlegt
(er) war	(er) ist gewesen
(er) hörte	(er) hat gehört
(er) sprang	(er) ist gesprungen
(er) rannte	(er) ist gerannt
(er) hetzte	(er) ist gehetzt
(sie) sprangen	(sie) sind gesprungen
(er) rief	(er) hat gerufen
(es) gibt	(es) hat gegeben
(ich) bin	(ich) bin gewesen

3. Wie kann etwas sein?
Bilde passende Adjektive (Wiewörter). Beachte, dass Adjektive kleingeschrieben werden.

grau wie eine Maus:	**mausgrau**
gerade wie eine Schnur:	**schnurgerade**
klar wie ein Kristall:	**kristallklar**
schwarz wie ein Rabe:	**rabenschwarz**
scharf wie ein Messer:	**messerscharf**
weich wie Samt:	**samtweich**
weiß wie Schnee:	**schneeweiß**

4. Fülle die Tabelle aus.

Hinweis: *Die Zukunft (das Futur) verwendest du, um zu sagen, was passieren wird. Das Verb (Tunwort) braucht bei der Bildung noch ein zusätzliches „werden" in der richtigen Personalform.*

Grundform	1. Vergangenheit	2. Vergangenheit	Zukunft
fahren	ich fuhr	es **ist gefahren**	du **wirst fahren**
graben	wir **gruben**	ich **grub**	du **wirst graben**
schweigen	er **schwieg**	ihr **habt geschwiegen**	wir werden schweigen
beißen	ich **biss**	sie **hat/haben gebissen**	ihr **werdet beißen**
beginnen	ich **begann**	ihr **habt begonnen**	du **wirst beginnen**
reißen	es riss	ich **habe gerissen**	wir **werden reißen**

5. Unterstreiche in den folgenden Sätzen die Satzaussage. Schreibe sie aus dem Satz heraus. Tipp: Es kann auch zweiteilige Satzaussagen geben.

Hinweis: *Die Satzaussage ist immer ein Verb (Tunwort). Du findest sie mit der Frage „Was tut …?“ oder „Was geschieht …?“.*
Beispiel: Ich schwimme im See.
Frage nach der Satzaussage: Was tue ich? → schwimmen

Der Hase **ist** ängstlich.	**ist**
Er **lief** zum Teich.	**lief**
Die Frösche **sind** ins Wasser **gesprungen**.	**sind gesprungen**
Bald **werden** sie wieder **quaken**.	**werden quaken**
Der Hase **denkt** über die Frösche **nach**.	**denkt nach**

6. Unterstreiche in den folgenden Sätzen die Orts- und Zeitangaben. Welche Frage muss man bei den einzelnen Sätzen stellen, um die Orts- oder Zeitangaben zu finden? Schreibe das Fragewort neben den Satz.

Hinweis: *Ein Satz kann neben Satzgegenstand (Subjekt) und Satzaussage (Prädikat) aus Ergänzungen bestehen. Sie geben beispielsweise Antwort auf die Fragen: „Wo? Woher? Wohin? Wann? Wie lange?“ Bei den Ergänzungen unterscheidet man zwischen der Angabe des Ortes und der Angabe der Zeit.*

Die Angabe des Ortes findest du mit den Fragen „Wo? Woher? Wohin?“.
Beispiel:
Oma strickt im Schaukelstuhl.
Ergänzungsfrage zur Angabe des Ortes: „Wo strickt Oma?“ „Im Schaukelstuhl“.

Die Angabe der Zeit findest du mit den Fragen: „Wann? Wie lange? Seit wann?“
Beispiel: Oma strickt seit Tagen.
Ergänzungsfrage zur Angabe der Zeit: „Seit wann strickt Oma?“ „Seit Tagen“.

Der Hase kommt **aus dem dunklen Wald**.	**Woher?**
Die Frösche hüpfen **in das Wasser**.	**Wohin?**
Der Hase sitzt **in seinem Bau**.	**Wo?**
Er schläft gerne **bis in die Morgenstunden**.	**Wie lange?**
Die Frösche quaken **am Abend**.	**Wann?**
Der Hase ist **seit einigen Tagen** froh.	**Seit wann?**

7. **Ersetze das in Klammern angegebene Satzglied mit dem gleichartigen Satzglied des Satzes. Schreibe den Satz auf und unterstreiche die einzelnen Satzglieder.**

Hinweis: *Zunächst musst du bei dieser Aufgabe die einzelnen Satzglieder des Satzes bestimmen. Ein Satzglied besteht aus einem oder mehreren Wörtern. Man erkennt Satzglieder daran, dass sie beim Umstellen eines Satzes zusammenbleiben. Du musst überlegen, welches Satzglied mit dem in Klammern angegebenen austauschbar ist. Dann schreibst du den Satz auf und unterstreichst die Satzglieder.*

Ein ängstliches Tier versteckt sich gerne im hohen Gras. (der Hase)

Der Hase | **versteckt sich** | **gerne** | **im hohen Gras** .

Die Frösche treffen dort, wo sie sich immer aufhalten, auf den Hasen. (am Teich)

Die Frösche | **treffen** | **am Teich** | **auf den Hasen** .

Rechtschreibtest 1

1. **Prüfe, ob alles richtig geschrieben ist. Die Zahl am Ende der Zeile verrät dir die Anzahl der Fehler.
Korrigiere die Fehler auf der Zeile unter dem Text.**

Hinweis:

Rechtschreibbereiche:	***Fehlerwörter:***
Länge (Hinweis 1)	*Abenteuerspielplatz, Wiese*
Kürze (Hinweis 2)	*Donnerstag, Schiffen*
Auslautverhärtung (Hinweis 3)	*Korb*
„ck“ oder „k“ (Hinweis 4)	*Deck, picknicken*
„s“, „ss“ oder „ß“ (Hinweis 5)	*essen, große, heißt*
Groß- und Kleinschreibung (Hinweis 6)	*gefallen, Schwester, Hunger, Durst, Das*
„das“ oder „dass“ (Hinweis 7)	*dass*
Satzzeichen (Hinweis 8)	*Tim bittet: „Lasst uns dort hinfahren!“*

1. *Überlege, ob das Wort oder sein Vokal (Selbstlaut) lang gesprochen wird. Diese Wörter haben oft noch ein „h“, das du nicht hören kannst. „i“ wird häufig zu „ie“ verlängert.*
   Beispiele: steht, liegen
2. *Wenn du herausfinden willst, ob ein Wort mit doppeltem Konsonanten (Mitlaut) geschrieben wird, trenne es nach Silben. Wenn du es deutlich sprichst, kannst du den doppelten Laut hören. Achte hierbei auch auf verwandte Wörter. Sie werden genauso geschrieben.*
   Beispiele: kom-men, Mann – Männer
3. *Wenn du hören willst, wie ein Wort am Ende geschrieben wird, verlängere es.*
   Beispiele: Dieb – Diebe, Land – Länder

4. *Laute mit „k“ und „z“ schreibt man nach einem kurzen betonten Vokal (Selbstlaut) „ck“ und „tz“.*
   Beispiele: Hecke, Jacke, Katze
5. *Nach einen langen Vokal (Selbstlaut), einem Doppellaut (au, ei, eu) oder einem Umlaut (ä, ö, ü, äu) schreibst du meistens „ß“.*
   Beispiele: grüßen, heißen, Fußball
   Nach einem kurzen Vokal (Selbstlaut) schreibst du „ss“.
   Beispiele: lassen, fassen, besser
6. *Wörter, die einen Artikel (Begleiter) bei sich haben, sind Nomen (Namenwörter) und werden großgeschrieben.*
   Beispiele: die Schule, der Indianer
   Alle anderen Wörter schreibst du klein, außer sie stehen am Satzanfang.
7. *„Das“ kann mit „dieses“ oder „welches“ ersetzt werden und bezieht sich meist auf ein Nomen (Namenwort). „Dass“ leitet einen Nebensatz ein.*
8. *Die wörtliche Rede (das Gesprochene) muss zwischen zwei Anführungszeichen stehen. Oft ist die wörtliche Rede mit einem Begleitsatz verbunden, der verdeutlicht, wer gerade spricht.*
   Beispiel:
   Tim sagt: „Ich habe Hunger!“
   Steht der Begleitsatz am Anfang, wird ein Doppelpunkt vor der wörtlichen Rede gesetzt.

Auf dem Spielplatz

Die Kinder der Klasse 4a waren am letzten **Donnerstag** (1)
gemeinsam auf einem **Abenteuerspielplatz**, der „Piratenburg“ (1)
heißt. Dort hat es Tim so gut **gefallen**, **dass** er seine Eltern (3)
bittet**:** **„**Lasst uns dort auch mal zusammen hinfahren!**“** (3)
Das tun sie am folgenden Sonntag. Mama packt einen **Korb** (2)
mit etwas zu **essen** und zu trinken und los geht's. Tim und seine (1)
Schwester laufen nach ihrer Ankunft sofort los und besichtigen (1)
das **große** Piratenschiff. Sie spielen Pirat und halten auf dem (1)
Deck nach **Schiffen** Ausschau. Danach haben sie **Hunger** und (3)
Durst. Sie gehen alle auf eine **Wiese** und **picknicken**. (3)

2. **Entscheide dich bei dem folgenden Text für eine der beiden Schreibweisen und füge das Wort ein.**

Hinweis:

Rechtschreibbereiche:	***Wörter:***
Kürze	*Klasse, fällt, grillen*
Auslautverhärtung	*lustig, Tag*
„ck“ oder „k“	*wackeligen*
„s“, „ss“ oder „ß“	*Schluss*
Groß- und Kleinschreibung	*Tipi, Eis*
Länge	*Lehrerin*

Mit der **Klasse** auf dem Spielplatz

Wenn man nicht aufpasst, **fällt** man leicht von diesen **wackeligen** Balken des Piratenschiffes herunter! Toll ist das Indianerzelt, das **Tipi**. Hier gibt es eine Feuerstelle, über der man Würstchen **grillen** kann. Ganz am **Schluss** gibt es von der **Lehrerin** noch ein **Eis**. Der **Tag** war **lustig**!

3. **Streiche in jeder Reihe das Wort durch, das nicht zu den Rechtschreibbesonderheiten der anderen passt. Begründe deine Entscheidung.**

klettert	brennt	~~geht~~	öffnet

Begründung: **„Geht" besitzt keinen Doppellaut.**

Räume	Mäuse	Träume	~~Freude~~

Begründung: **„Freude" besitzt keinen Umlaut.**

mähte	nähte	~~Fährte~~	nährte

Begründung: **„Fährte" wird großgeschrieben.**

4. **„Meine Kopfwörter"**
Schreibe zehn Wörter auf, die du ohne Hilfe sicher schreiben kannst.

Hinweis: *Suche dir zehn Wörter aus, die du sicher schreiben kannst, ohne im Wörterbuch nachzusehen. Du solltest aber ganz einfache Wörter wie „Mama", „Opa" oder „im" vermeiden. Schließlich willst du doch zeigen, was du kannst!*

Lösungsvorschlag:

Schule, Kinder, Pausenbrot, Hautür, laufen, lernen, spielen, träumen, witzig, kichern

5. Fehlerteufel vertreiben

a) Finde und unterstreiche den Fehler.
b) Schreibe das Wort richtig daneben.
c) Erkläre, warum das Wort so geschrieben wird.

Hinweis: *Überlege dir die richtige Schreibweise oder schaue im Wörterbuch nach. Dann musst du genau aufschreiben, warum man das Wort so schreibt.*

a) wir re**n**en b) wir **rennen**

c) **Bei „rennen“ klingt das „e“ kurz, das „n“ dahinter wird verdoppelt.**

a) die B**eu**me b) die Bäume

c) **„Bäume“ schreibt man mit „äu“, weil es von „Baum“ kommt.**

a) Ich bin **G**roß. b) Ich bin **groß**.

c) **Man schreibt „groß“ klein, weil es ein Adjektiv (Wiewort) ist.**

a) In v**i**r Jahren b) In **vier Jahren**

c) **Man schreibt „vier“ mit „ie“, da das „i“ lang gesprochen wird.**

a) die Fäch**ch**er b) die **Fächer**

c) **Die Buchstabenfolgen „sch“, „ch“, „qu“, „ng“, „nk“ werden grundsätzlich nicht verdoppelt.**

a) die Hei**tz**ung b) die **Heizung**

c) **„tz“ folgt immer nur nach einem kurzen Vokal (Selbstlaut). Doppellaute wie „ei“ gelten als lange Vokale.**

6. „Das“ oder „dass“? Kennst du den Unterschied? Setze im Text ein.

Nora findet, da**ss** es eigentlich sehr schön ist, da**ss** sie einen großen Bruder hat. Da**s** hat viele Vorteile, meint Nora. Sie findet gut, da**ss** Tim so viel über sie weiß. Zum Beispiel, da**ss** sie oft Angst vor anderen Kindern hat. Oder da**ss** sie nicht gerne alleine in den Keller geht. Tim hilft ihr oft. Er steht ihr bei und da**s** ist wirklich nett von ihm. Er hat Nora zum Geburtstag ein silbernes Schutzengelchen an einem Halsband geschenkt, da**s** Nora immer um den Hals trägt. Aber da**ss** Nora ängstlich ist, da**s** hat Tim auch schon ausgenutzt. Dann hat er Nora geärgert und erschreckt. Da**s** wiederum findet Nora an ihrem großen Bruder nicht so gut. Aber wenn sie länger darüber nachdenkt, ist sie doch meist froh, da**ss** sie Tim hat!

7. **Trenne die Wörter in ihre Silben.**

Hinweis: *Sprich die Wörter langsam aus, so kannst du hören, wie sich die Wörter zerlegen lassen. Beachte außerdem: Steht ein Konsonant (Mitlaut) zwischen zwei Vokalen (Selbstlauten), so gehört der Konsonant immer zur zweiten Silbe, z. B. He-**x**e.*
*Stehen mehrere Konsonanten zwischen zwei Vokalen, gehört nur der letzte Konsonant zu der hinteren Silbe (z. B. trop-**f**en). Die Buchstabenfolgen **sch**, **ch** und **ck** werden grundsätzlich nicht getrennt (z. B. Men-**sch**en, ne-**ck**en).*

Eier	**Ei-er**
Menschen	**Men-schen**
Beule	**Beu-le**
Spiel	**Spiel**
necken	**ne-cken**
tropfen	**trop-fen**
Hexe	**He-xe**
Katze	**Kat-ze**

Rechtschreibtest 2

1. **Prüfe, ob alles richtig geschrieben ist.**
   Korrigiere die Fehler auf der Zeile unter dem Text.

Hinweis:

Rechtschreibbereiche:	***Fehlerwörter:***
Länge	*froh, fahren*
Kürze	*allein, kann, Kasse, kommen*
Auslautverhärtung	*sagt, aufgeregt*
„ck“ oder „k“	*Schaukel*
„s“, „ss“ oder „ß“	*großen*
Groß- und Kleinschreibung	*Der, fragen, Lautsprecher, sucht, ihnen*
-ig oder -ich	*riesig*
Satzzeichen	*Sie sagen: „Das hast du gut gemacht!“*

Retter in der Not

Tim und seine Schwester Nora spielen auf dem **großen** Abenteuerspielplatz. Da sehen sie neben der **riesigen Schaukel** plötzlich einen kleinen Jungen, der **allein** dasteht und weint. Sie **fragen** ihn, was los ist. **Der** Junge hat seine Eltern beim Spielen verloren und **kann** sie nicht wiederfinden. Tim **sagt** seinen Eltern Bescheid. Gemeinsam gehen sie zur **Kasse**. Die Frau dort **kann** über **Lautsprecher** eine Durchsage machen, **dass** ein kleiner Junge namens Ole seine Eltern **sucht**. Bald darauf **kommen** die Eltern des Kleinen ganz **aufgeregt** zur **Kasse** und sind sehr **froh**, ihren Jungen wiedergefunden zu haben. Sie sagen zu Tim und Nora: „Das habt ihr gut gemacht!" Zum Dank spendieren sie **ihnen** noch ein Eis. Nach diesem Erlebnis **fahren** Tim und Nora mit ihren Eltern nach Hause.

2. Tim und Nora finden auf dem Spielplatz einen kleinen weinenden Jungen und versuchen, ihm zu helfen. Füge in dem folgenden Gespräch die Satzzeichen ein. Achte besonders auf die Zeichen der wörtlichen Rede.

Hinweis: *Die Groß- und Kleinschreibung der Wörter im Text zeigt dir, wann du einen Punkt setzen musst. Denke auch an das Fragezeichen am Ende einer Frage. Das Ausrufezeichen kannst du setzen, wenn du einen Satz bekräftigen möchtest, ein Punkt ist aber in diesen Sätzen auch richtig. Nur ein Mal in dem Text ist ein Ausrufezeichen unbedingt notwendig, nämlich bei dem Ausruf von Tim: „Gute Idee!"*

Für die Zeichensetzung in der wörtlichen Rede gelten folgende Regeln: Die wörtliche Rede (das Gesprochene) muss zwischen zwei Anführungszeichen stehen. Oft ist die wörtliche Rede mit einem Begleitsatz verbunden, der verdeutlicht, wer gerade spricht. Dabei gibt es drei Möglichkeiten: der Begleitsatz am Anfang, der eingeschobene Begleitsatz, der Begleitsatz am Ende.
Beispiele:
Tim sagt: „Manchmal habe ich Hunger!"
Steht der Begleitsatz am Anfang, wird ein Doppelpunkt gesetzt.

„Manchmal habe ich Hunger", sagt Tim.
Steht der Begleitsatz am Ende, entfällt der Punkt. Nach der Rede wird ein Komma gesetzt.

„Ich habe Hunger!", ruft Tim.
Ausrufezeichen und Fragezeichen bleiben im Gegensatz zum Punkt in der wörtlichen Rede erhalten.

„Manchmal", sagt Tim, „habe ich Hunger."
Bei eingeschobenen Begleitsätzen wir die wörtliche Rede durch Kommas abgetrennt.

Lösungsvorschlag:

Tim hockt sich neben den Jungen und fragt leise: „Hat dir jemand weh getan**?**“
„Nein“, antwortet der Junge schluchzend, „mir hat niemand weh getan. Ich finde aber meine Mama und meinen Papa nicht mehr**!**“
„Wo hast du sie zuletzt gesehen**?**“, fragt Nora.
„Weiß ich nicht mehr**!**“ Der Junge ist ganz verzweifelt.
„So kommen wir nicht weiter“, stellt Tim fest.
Nora fragt: „Sollen wir unseren Eltern Bescheid geben**?**“
Tim ruft: „Gute Idee**!**“ Er überlegt kurz. Dann meint er: „Wir können mit dem Jungen zur Kasse gehen und ihn ausrufen lassen.“

**3. Welche Schreibweise ist richtig?
Kreuze an.**

Hinweis: *Ein weich gesprochenes „s“ wird mit einem einfachen „s“ geschrieben. Ein hart gesprochenes „s“ wird nach einem kurzen Vokal (Selbstlaut) „ss“ geschrieben. Nach einem langen Selbstlaut (Vokal), nach Doppel- oder Umlauten wird „ß“ geschrieben.*

- ☐ Spass
- ☒ Spaß
- ☐ Spas

- ☐ Grass
- ☐ Graß
- ☒ Gras

- ☐ Fuss
- ☒ Fuß
- ☐ Fus

- ☐ gross
- ☒ groß
- ☐ gros

- ☐ Gruss
- ☒ Gruß
- ☐ Grus

- ☒ nass
- ☐ naß
- ☐ nas

4. „k“ oder „ck“?
Löse das Rätsel.
Die dick umrandeten Kästchen ergeben zusammen gelesen das Lösungswort.

Hinweis: *Laute mit „k“ schreibt man nach einem kurzen betonten Selbstlaut „ck“.*
Beispiele: Hecke, Jacke, Backe

Das Gegenteil von Pech	G L Ü C K
Damit werden die Betten bezogen. Mit einem	L A K E N
Kamele haben zwei	H Ö C K E R
Ein langsames, kleines Tier:	S C H N E C K E
Nicht eine Kante, sondern eine	E C K E
Das machen manche Menschen in den Tee	Z U C K E R
Ein Angler hat manchmal einen Fisch am	H A K E N
Will man etwas verschicken, schnürt man ein	P A K E T
Wenn man einen Stern malt, malt man viele	Z A C K E N

Lösungswort: G L Ö C K C H E N

5. Kennst du diese Regel zu ck und k?
Vervollständige die Sätze.

Ist der Vokal (Selbstlaut) kurz gesprochen, schreibt man **ck**.

Ist der Vokal (Selbstlaut) lang gesprochen, schreibt man **k**.

Nach Konsonanten (Mitlauten) kommt kein **ck**.

1. In dem Text sind die Punkte schon gesetzt, aber es fehlen die Kommas. Setze sie ein.

Hinweis: *In diesem Text sind ein paar grundlegende Kommaregeln zu beachten:*

1. *Bei einer Aufzählung werden die gleichartigen Wörter durch ein Komma getrennt.*
   Beispiel:
   Wir toben, klettern, rutschen und wippen zusammen.
2. *Gleichwertige Hauptsätze werden durch ein Komma getrennt.*
   Beispiel:
   Die Sonne scheint, es wird sicherlich ein wunderschöner Tag!
3. *Haupt- oder Nebensätze werden durch ein Komma getrennt, wenn sie mit „denn", „aber", „sondern", „weil", „obwohl", „dass" usw. eingeleitet werden. Bei „und" und „oder" entfällt das Komma.*
   Beispiel:
   Ich warte ungeduldig darauf, ***dass*** *Klara endlich kommt.*
   Ich setze mich entweder sofort auf die Schaukel ***oder*** *ich rutsche erst einmal.*

Die Sonne scheint, es wird sicherlich ein wunderschöner Tag! Ich frühstücke nicht, sondern renne sofort zum Spielplatz. Ich warte ungeduldig darauf, dass meine Freundin Klara endlich kommt. Auf dem Spielplatz gibt es eine Rutsche, eine Schaukel, eine Wippe und ein großes Netz zum Klettern. Mit Klara habe ich viel Spaß: Wir toben, klettern, rutschen und wippen zusammen.

2. Welche Schreibweise stimmt?
Kreuze an und schreibe in die Zeile darunter den Singular (Einzahl) des Wortes auf, beziehungsweise suche zum Verb (Tunwort) das passende Nomen (Namenwort).

Hinweis: *„äu" schreibt man, wenn sich der Singular des Wortes mit „au" schreibt. Wenn du dir also unsicher bei der Schreibweise bist, dann finde das Grundwort des betreffenden Wortes.*

☒ Schläuche
☐ Schleuche
der **Schlauch**

☒ Kräuter
☐ Kreuter
das **Kraut**

☐ Bäutel
☒ Beutel
der **Beutel**

☒ Bräute
☐ Breute
die **Braut**

[x] sich schnäuzen	[ ] beräuen
[ ] sich schneuzen	[x] bereuen
die **Schnauze**	die **Reue**

3. „s“, „ss“ oder „ß“?
Setze die richtigen Buchstaben in den Text ein.

Hinweis: *Ein weich gesprochenes „s“ wird mit einem einfachen „s“ geschrieben. Ein hart gesprochenes „s“ wird nach einem kurzen Vokal (Selbstlaut) „ss“ geschrieben, nach einem langen Vokal oder nach Doppel- und Umlauten wird „ß“ geschrieben.*

Tim sa**ß** auf dem Holzboden de**s** Piratenschiffes und lie**ß** sich treiben. Der Flu**ss** flo**ss** träge unter ihm dahin. Tim grü**ß**te seine Schwester Nora, die sich gerade zu ihm setzte.
„Ist das nicht toll hier? Ein richtiger Genu**ss**!“, rief Tim.
„Ja, hier drau**ß**en ist ein prima Wetter!“, bestätigte Nora. „Ich war die ganze Zeit in der Bordküche und wu**ss**te gar nicht, wie schön es hier ist!“
„Darf ich wi**ss**en, was es zu e**ss**en gibt?“, fragte Tim neugierig.
„Ein bi**ss**chen dies, ein bi**ss**chen das“, antwortete Nora geheimni**s**voll. „Nichts be**s**onderes, eigentlich. Aber soviel sei verraten: Es ist sü**ß**!“
„Ich werde es genie**ß**en“, meinte Tim. „Ich wei**ß** nämlich von meinem armen Bauch, dass er einen mord**s**mäßigen Hunger hat!“

4. Schreibe die aufgefüllten Wörter aus dem Lückentest noch einmal in die Tabelle. Doppelt aufgeführte Wörter musst du nur ein Mal aufschreiben.

Wörter mit „s“	Wörter mit „ss“	Wörter mit „ß“
des	**Fluss**	**saß**
besonderes	**floss**	**ließ**
mordsmäßigen	**Genuss**	**grüßte**
	wusste	**draußen**
	wissen	**süß**
	essen	**genießen**
	bisschen	**weiß**

5. Schreibe die Wörter richtig auf und kreuze dann an, welche Regel du angewandt hast.

Hinweis: *Die Wörter, die du hier schreiben musst, sind sehr einfach. Überlege dir genau, ob du bei dem Wort zwischen Groß- oder Kleinschreibung unterscheiden sollst, oder ob es um den letzten Buchstaben geht. Schreib dein Wort sauber auf und vergiss nicht, anzukreuzen, welche Regel du benutzt hast.*

Wörter	Richtig geschrieben	Regel
Haus / haus	Haus	☐ verlängern ☒ Nomen
runt / rund	rund	☒ verlängern ☐ Nomen
spannent / spannend	spannend	☒ verlängern ☐ Nomen
Freund / freund	Freund	☐ verlängern ☒ Nomen
Pferd / pferd	Pferd	☐ verlängern ☒ Nomen
Park / park	Park	☐ verlängern ☒ Nomen
bunt / bund	bunt	☒ verlängern ☐ Nomen
Spiel / spiel	Spiel	☐ verlängern ☒ Nomen
breit / breid	breit	☒ verlängern ☐ Nomen
Hose / hose	Hose	☐ verlängern ☒ Nomen
Kleid / kleid	Kleid	☐ verlängern ☒ Nomen

6. **Schreibe die folgenden Buchstabenschlangen in Schreibschrift ab. Achte auf die Groß- und Kleinschreibung.**

amspielplatzsteigendiekinderaus.
Am Spielplatz steigen die Kinder aus.

allesindganzneugierig.
Alle sind ganz neugierig.

siegehenindasriesigepiratenschiff.
Sie gehen in das riesige Piratenschiff.

diewackeligenbalkensindbesonderslustig.
Die wackeligen Balken sind besonders lustig.

timwollteaufbiegenundbrechendererssteaufdemschiffsein.
Tim wollte auf Biegen und Brechen der Erste auf dem Schiff sein.

7. **-ich oder -ig?**
Bilde aus den Nomen (Namenwörtern) Adjektive (Wiewörter) und achte bei der Schreibung besonders auf die Endung.

Hinweis: *Ob ein Adjektiv auf -ich oder -ig endet, prüft man am leichtesten nach, indem man es verlängert oder steigert. Achte außerdem bei dieser Aufgabe darauf, das Adjektive klein geschrieben werden.*

Friede	**friedlich**
Wind	**windig**
Hass	**hässlich**
Ruhe	**ruhig**
Land	**ländlich**
Sand	**sandig**
Schlamm	**schlammig**

Einen Brief entwickeln und schreiben

1. Lisa ist die Klassensprecherin der 4a. Sie und ihre Mitschüler haben sich in einem Projekt überlegt, wie sie ihren tristen Schulhof schöner gestalten könnten. Sie haben in einem ersten Schritt Ideen und Gründe für eine Schulhofverschönerung gesammelt.
Finde in Stichworten selbst noch zwei Ideen und zwei Gründe für die Umgestaltung des Schulhofes.

Hinweis: *Wie kommst du am besten auf Ideen? Überlege dir, wie dein eigener Schulhof aussieht. Vielleicht gibt es dort etwas, was Lisa und ihre Klassenkameraden noch nicht aufgeführt haben. Wie würde dein Traum-Schulhof aussehen? Was machst du gerne im Freien?*
Um weitere Gründe für einen neuen, schönen Schulhof zu finden, musst du nochmals genau die angeführten Ideen anschauen. Was macht die Ideen aus? Was ist ihr Sinn? Wenn du dir diese Frage beantwortest, fallen dir sicherlich noch mehr Gründe für einen schönen Schulhof ein.

Lösungsvorschlag für Ideen:
- ein kleiner Teich
- Blumen- und Gemüsebeete
- Bäume anpflanzen
- ein Baumhaus

Lösungsvorschlag für Gründe:
- der Pausenhof sieht schöner aus
- weniger Verletzungsgefahren durch weiche Wiesen statt Beton
- man kann die Natur in der Pause beobachten
- man lernt etwas über die Natur in den Pausen
- man kann sich besser entspannen
- es gibt die Möglichkeit für Unterricht im Freien oder Aufführungen
- Lebensräume für Vögel und Insekten werden geschaffen

**2. In einem nächsten Schritt soll die Klassensprecherin Lisa dem Direktor ihrer Schule einen Brief schreiben.
Kannst du ihr helfen, den Brief zu verfassen? Versuche, den Direktor für die Ideen zu begeistern! Beachte aber auch, dass der Adressat ein Erwachsener ist.**

Hinweis: *Du hast die Aufgabe gut gelöst, wenn du folgende Punkte beachtet hast:*
- *Du hast leserlich geschrieben und das Format des Briefes eingehalten.*
- *Du hast alle Ideen und Gründe (die aufgeführten und mindestens zwei eigene) in den Brief eingebaut.*
- *Du hast das Projekt kurz vorgestellt.*
- *Du hast in der „Ich-Form“, besser noch in der „Wir-Form“, geschrieben.*
- *Du hast den Direktor mit „Sie“ angeredet (Höflichkeitsform).*
- *Du hast am Ende des Briefes einen Abschiedsgruß geschrieben.*
- *Du hast vollständige und richtige Sätze geschrieben (die Grammatik und die Rechtschreibung sollten deine Eltern oder Lehrer überprüfen).*

Lösungsvorschlag:

Sehr geehrter Herr Direktor,

Meine Klassenkameraden und ich haben uns in einem Projekt gemeinsam überlegt, wie wir unseren Schulhof verändern könnten. Im Moment gefällt er uns nämlich gar nicht! Es macht keinen Spaß, sich auf dem Hof aufzuhalten. Jetzt möchten wir die Betonwüste grün machen! Dazu haben wir uns einige Ideen einfallen lassen:

Zunächst einmal muss der graue Beton verschwinden. Stattdessen sollen große, grüne Wiesen entstehen, auf denen man Fußball spielen kann oder die frei genutzt werden können. Das wäre toll! Dann könnten die Lehrer sogar den Unterricht im Freien stattfinden lassen in einem „grünen Klassenzimmer“! Man könnte die Wiese im Sommer für Feste oder Vorführungen benutzen! Das fänden unsere Eltern bestimmt auch sehr schön.

Natürlich würden wir uns auch über einen Spielplatz freuen, denn Sie wissen sicherlich, dass Bewegung sehr wichtig ist für Kinder. Besonders, wenn sie im Unterricht lange still sitzen mussten. Wir könnten uns auf dem neuen Schulhof sinnvoll beschäftigen und richtig austoben. Die Pausen wären endlich nicht mehr so langweilig! Zum Entspannen wären dann lustige Sitzschlangen schön. Momentan können wir uns ja nirgendwo gemütlich hinsetzen.

Eine weitere Idee von uns sind Vogelhäuschen und Insektenhotels. Wenn nämlich der Schulhof begrünt wird, entstehen dadurch auch Lebensräume für alle möglichen Tiere und Pflanzen! Damit würden wir nicht nur der Natur etwas Gutes tun. Wir Schüler lernen etwas, wenn wir die Natur beobachten können.

Sie merken: Ein schöner Schulhof nutzt uns allen! Er sieht nicht nur ansprechend aus, sondern bereichert das Leben der Schüler, Lehrer und Eltern!

Wir würden uns sehr freuen, wenn Ihnen unsere Ideen gefallen! Besuchen Sie doch unsere Klasse und sprechen Sie mit uns über unsere Pläne. Sicher kostet die Umgestaltung viel Geld, aber vielleicht können alle Eltern, Lehrer und Schüler unserer Schule gemeinsam anpacken und helfen?

Mit freundlichen Grüßen

Ihre Lisa Stein
im Namen aller Kinder der 4a

Texte verfassen 2

1. Maria möchte dich besuchen, doch sie kennt den Weg nicht. Sie schaut auf einem Stadtplan nach. Kannst du ihr den Weg erklären? Schreibe ihn auf.

Hinweis: *Du hast die Aufgabe gut gelöst, wenn du folgende Punkte beachtet hast:*
- *Du hast einen kurzen Weg ohne Umwege beschrieben.*
- *Du hast Maria in der „Du-Form“ angesprochen. („Du musst die Straße …“)*
- *Du hast die Sätze verschieden angefangen, z. B.: dann, als nächstes*
- *Du hast verschiedene Wörter für „gehen“ gebraucht.*
- *Du hast abwechslungsreich die Richtungswechsel angegeben, z. B.: nach rechts, geradeaus, rechter Hand*
- *Du hast markante Punkte eingebaut, z. B. „an der Kirche“, „am Park vorbei“*
- *Deine Wegbeschreibung ist kurz, aber verständlich.*

Lösungsvorschlag:
Wenn du aus deiner Haustüre trittst, gehst du zunächst links die Krusestraße entlang. Wenn die Krusestraße an der Nöstlingerstraße endet, gehst du links, überquerst die Straße und biegst gleich rechts in die Boiestraße ein. Am Wald vorbei gelangst du bis zum Fluss. Am Flussufer wendest du dich nach links und gehst immer die Lindgren Allee entlang, bis du zur Funke-Brücke kommst. Wenn du auf der anderen Seite des Flusses bist, sind es nur noch ein paar Meter bis zu mir. Mein Haus befindet sich auf der linken Straßenseite, kurz nach der ersten Querstraße.

**2. Der Weg ist Maria doch zu weit. Sie überlegt sich, dich mit dem Bus zu besuchen.
Du weißt, dass der Bus bei Maria zu jeder vollen Stunde und danach alle 15 Minuten abfährt. Für jede Station braucht der Bus etwa zwei Minuten.
Ihr habt euch für morgen Nachmittag um 16 Uhr verabredet. Schreibe Maria in einer E-Mail, welchen Bus sie nehmen soll, wie lange sie braucht und wann sie aussteigen muss.**

Hinweis: *Du hast die Aufgabe gut gelöst, wenn du folgende Punkte beachtet hast:*
- *Du hast eine Begrüßung am Anfang der E-Mail geschrieben und am besten noch einen einleitenden Satz. Du hast am Ende der E-Mail deinen Namen genannt.*
- *Du hast alle Informationen eingebaut (Busnummer, Ort der zwei Haltestellen, wie Maria von der Haltestelle zu deinem Haus findet, um wie viel Uhr Maria losfahren soll).*
- *Du hast vollständige und richtige Sätze geschrieben (die Grammatik und die Rechtschreibung solltest du dir von deinen Eltern oder Lehrern überprüfen lassen).*
- *Du hast Maria in der „Du-Form" angesprochen.*

Lösungsvorschlag:

Liebe Maria,
ich freue mich, wenn du mich morgen Nachmittag besuchen kommst!
Wenn dir der Weg zu weit ist, kannst du auch den Bus 123 in Richtung Hofplatz nehmen. Er fährt beinahe von deiner bis zu meiner Haustüre. Die nächste Haltestation bei dir befindet sich in der Krusestraße, Ecke Nöstlingerstraße. Du musst an der dritten Station aussteigen, direkt an der Bäckerei. Jetzt brauchst du nur noch die Straßenseite wechseln und ein paar Meter die Straße hinunterlaufen, dann stehst du direkt vor meiner Haustüre!
Da wir uns um 16 Uhr verabredet haben, nimmst du am besten den Bus um 15.45 Uhr, dann bist du um 15.51 Uhr bei mir. Wenn du willst, kann ich auch an der Haltestelle auf dich warten.
Bis morgen Nachmittag!

Deine Hanna.

1. **In der Geschichte „Kasperl unter den Wilden“ von Graf von Pocci schläft Kasperl seelenruhig nach einer langen Reise übers Meer auf einer abgelegenen Insel unter einer Palme. Doch bald kommen zwei Menschenfresser angeschlichen und überfallen Kasperl.
Diese Szene ist oben abgedruckt.**

   Die Wilden sprechen zwar eine merkwürdige Sprache, trotzdem kann man sie verstehen. In ihren Gesprächen geht es vor allem um das Wortfeld „Essen“.

   Suche nun Wörter zum Wortfeld „Essen zubereiten“ und Wörter zum Wortfeld „Essen verzehren“. Du kannst auch aus dem Text Wörter zu den Wortfeldern finden.

   Hinweis: *Als Wortfeld bezeichnet man Wörter, die alle eine ähnliche Bedeutung haben.*

   Lösungsvorschlag zum Wortfeld „Essen zubereiten“:
   braten, würzen, **messen, wiegen, schneiden, flambieren, kochen, einlegen, blanchieren, salzen, pfeffern, backen, Tisch decken, Herd, Messer, Quirl, Schneebesen, Waage, Gewürze**

   Lösungsvorschlag zum Wortfeld: „Essen verzehren“:
   verschlingen, mampfen, **verzehren, frühstücken, vespern, kosten, probieren, schmausen, schnabulieren, tafeln, speisen, löffeln, schlingen, genießen, Speise, Mahl, Mahlzeit, Vorspeise, Dessert, Schlemmer, Schleckermaul**

2. Stelle dir vor, die Menschenfresser unterhielten sich nach dem Singen darüber, wie sie den armen Kasperl zum Essen zubereiten könnten.
Wie könnte sich das Gespräch zwischen den Menschenfressern wohl anhören?
„Verbiege“ und verändere die Wörter aus den Wortfeldern aus Aufgabe 1 wie im Text „Kasperl und die Wilden“ und denke dir neue Wörter aus. Schreibe dann einen Dialog.
Wenn du willst, kannst du statt eines Gespräches auch eine neue Strophe für das Lied schreiben.

Hinweis: *Du hast die Aufgabe gut gelöst, wenn du folgende Punkte beachtet hast:*
- *Du hast leserlich geschrieben.*
- *Du hast die Aufgabenstellung beachtet (einen Dialog oder ein Gedicht geschrieben, die Wörter aus Aufgabe 1 verändert und eingebaut, neue Wörter erfunden).*

Lösungsvorschlag für ein Gespräch:
Erster Wilder: Schnabilimbus.
Zweiter Wilder: Bratelli odi kochi?
Erster Wilder: Bratelli! Mimpfi mimpfi.
Zweiter Wilder: Vesperilini chilimimbi!
Erster Wilder: Illh ni! Würzipfefferonsalzi!
Zweiter Wilder: Leckeruleckeru.
Erster Wilder: Hassi Quirli?
Zweiter Wilder: Mussi Messi.
Erster Wilder: Mahl mahl mahl!

Lösungsvorschläge für ein Gedicht:
Britix bratix Kaspafungi
pfiffix pfeffix Kaspazungi
schmusi schmausi Kaspaöhrli
warzi würzi quirli quörli.

Schlimmi schlemmi Kaspakuchi
missi mussi ma versuchi
schlecki schlucki knuspiknaspa
schlarfi schlürfi Suppikaspa.

3. Natürlich wird Kasperl am Ende doch nicht von den Menschenfressern aufgefressen. Hast du eine Idee, wie sich Kasperl aus dieser scheinbar aussichtslosen Lage wieder befreien könnte?
Vielleicht hilft ihm jemand bei der Flucht?
Schreibe die Geschichte zu Ende:
Kasperl saß gefesselt neben der Feuerstelle. Die Wilden hüpften um ihn herum. Plötzlich …

Hinweis: *Du hast die Aufgabe gut gelöst, wenn du folgende Punkte beachtet hast:*
- *Du hast leserlich geschrieben.*
- *Du hast nach der Einleitung sinnvoll weitergeschrieben.*
- *Die Geschichte besitzt Hauptteil, Höhepunkt und Schluss.*
- *Du hast in der „Er-Form" geschrieben.*
- *Du hast das Präteritum (1. Vergangenheit) benutzt.*
- *Du hast dich um eine abwechslungsreiche Sprache bemüht.*
- *Du hast vollständige und richtige Sätze geschrieben (die Grammatik und die Rechtschreibung solltest du dir von deinen Eltern oder Lehrern überprüfen lassen).*
- *Folgende Ideen könntest du für deine Geschichte verwenden:*
  - *Ein Krokodil taucht auf und will die Wilden und Kasperl fressen. Kasperl freundet sich mit dem Krokodil an.*
  - *Die Tochter des Häuptlings verliebt sich auf der Stelle in Kasperl. Während der Hochzeitszeremonie gelingt ihm die Flucht.*
  - *Die Flucht wird schnell bemerkt und Kasperl erlebt eine spannende Verfolgungsjagd durch den Dschungel.*
  - *Die Flucht wird nicht bemerkt und Kasperl erlebt im Dschungel ein Abenteuer.*
  - *Kasperl rettet sich auf das Schiff und erlebt auf der Heimreise eine abenteuerliche Geschichte.*

Lösungsvorschlag:

… hielten die Wilden in ihrem Tanz inne und lauschten.
Nun hörte auch Kasperl ein quietschendes Platschen.
„Kukudrilli, Kukudrilli!", riefen die Wilden und rollten entsetzt mit den Augen.
„Kukudrilli?", fragte Kasperl verwundert. Da sah er es selbst schon: Ein riesiges Krokodil watschelte auf sie zu!
„Uuuuh", brüllte es, „nun frussu uch uch ulle uf!"
Die Wilden flohen sofort ins Dickicht.
„Huu, hult! Hult!", schnaubte das Krokodil. Es sah den Wilden verärgert hinterher. Plötzlich entdeckte es den gefesselten Kasperl. Sofort kroch es auf ihn zu und öffnete sein riesiges Maul. Unendlich viele rasiermesserscharfe Zähne reihten sich in dem Gebiss, gelber

Speichel tropfte von der langen Zunge. Kasperl wandte den Kopf zur Seite und rief entsetzt:

„Pfui Spinne! Putz dir erst einmal die Zähne, bevor du mich auffrisst. Du stinkst aus dem Rachen, das ist ja fürchterlich!"

„Wus?", fragte das Krokodil und ließ sein Maul wieder zuklappen.

„Du stinkst!", wiederholte Kasperl.

Das Krokodil schnaubte und schnaufte. Und plötzlich sah Kasperl, dass es weinte. Dicke Krokodilstränen tropften aus den kleinen Äuglein des Ungetüms.

„Was ist denn nun los?", fragte Kasperl verwundert.

Das Krokodil erzählte ihm, dass es schon lange verliebt sei, aber seine Herzensdame wegen seines Mundgeruches nichts von ihm wissen wolle.

„Da kann ich dir helfen!", rief Kasperl.

„Wurkluch?", fragte das Krokodil misstrauisch.

„Großes Kasperl-Ehrenwort!", versprach Kasperl.

Da knabberte das Ungetüm vorsichtig die Fesseln auf und befreite Kasperl. Dieser suchte sich sofort einen Stock, umwickelte ihn mit Moos und Pfefferminze und schrubbte dem Krokodil so lange die Zähne, bis jeder einzelne Zahn in der Sonne glänzte.

„Jetzt duftest du aus dem Mund wie eine Frühlingswiese!", versicherte Kasperl dem Krokodil.

Das Krokodil weinte ein paar Tränen – doch diesmal vor Freude.

Dann lud es Kasperl auf seinen Rücken und beförderte ihn durch Dschungel und Meer bis zu Kasperls Schiff.

„Viel Glück mit deiner Krokodilin!", rief Kasperl und winkte seinem neuen Freund noch lange nach.

Spaß am Lernen

- Abwechslungsreiche Übungen, spannende Geschichten, einprägsame Beispiele kindgerecht dargestellt.
- Mit lustigen Illustrationen farbig gestaltet.
- Zu allen Aufgaben schülergerechte und ausführliche Lösungen zur Selbstkontrolle.
- Ideal zum selbstständigen Üben zu Hause.
- Im Format A4.

Grundwissen

Kindgerecht gestaltete Trainingsbände, die den **gesamten Stoff der jeweiligen Jahrgangsstufe** in abwechslungsreichen Aufgaben wiederholen und festigen. Robi, der kleine Roboter, begleitet durch die Bücher und gibt **hilfreiche Tipps und Hinweise**. Dazu jeweils eine ausklappbare Übersicht über die wichtigsten **Begriffe zum Nachschlagen** sowie ein **separates Lösungsheft**.

Fertigkeitsbereiche

Vielfältige Aufgabenstellungen **zum gezielten und umfassenden Training wichtiger Fertigkeitsbereiche** in Deutsch sowie Mathematik. In motivierenden und kindgerechten Aufgaben werden Schritt für Schritt die nötigen Grundlagen gefestigt und **die vorhandenen Kenntnisse systematisch ausgebaut**. Alle Bände sind reichhaltig farbig illustriert, dazu jeweils ein **herausnehmbares Lösungsheft** mit ausführlichen Lösungen.

Deutsch

Deutsch Grundwissen 1. Klasse
■ .... Best.-Nr. 994102

Deutsch Grundwissen 2. Klasse
■ .... Best.-Nr. 994203

Deutsch Grundwissen 3. Klasse
■ .... Best.-Nr. 994304

Deutsch Grundwissen 4. Klasse
■ .... Best.-Nr. 994404

Mathematik

Mathematik Grundwissen 1. Klasse
■ .... Best.-Nr. 990101

Mathematik Grundwissen 2. Klasse
■ .... Best.-Nr. 990202

Mathematik Grundwissen 3. Klasse
■ .... Best.-Nr. 990303

Mathematik Grundwissen 4. Klasse
■ .... Best.-Nr. 990406

Deutsch

Lesen und Rechtschreiben 1. Klasse
■ .... Best.-Nr. 994101

Lesen und Rechtschreiben 2. Klasse
■ .... Best.-Nr. 994201

Texte lesen, verstehen und bearbeiten 2. Klasse
■ .... Best.-Nr. 994202

Texte lesen, verstehen und bearbeiten 3. Klasse
■ .... Best.-Nr. 994302

Texte lesen, verstehen und bearbeiten 4. Klasse
■ .... Best.-Nr. 994405

Aufsatz 2. Klasse
■ .... Best.-Nr. 994204

Aufsatz 3. Klasse
■ .... Best.-Nr. 994301

Aufsatz 4. Klasse
■ .... Best.-Nr. 994403

Satzglieder 4. Klasse
■ .... Best.-Nr. 994401

Deutsch – Übertritt in weiterführende Schulen mit CD
■ .... Best.-Nr. 994402

Mathematik

Das kleine Einmaleins 2. Klasse
■ .... Best.-Nr. 990201

Rechnen bis 1000 3. Klasse
■ .... Best.-Nr. 990302

Das kleine Einmaleins 3. Klasse
■ .... Best.-Nr. 990301

Sachaufgaben 4. Klasse
■ .... Best.-Nr. 990401

Schriftliche Multiplikation und Division 4. Klasse
■ .... Best.-Nr. 990402

Entwicklung mathematischer Fähigkeiten 3./4. Klasse Teil 1: Algebra
■ .... Best.-Nr. 990403

Entwicklung mathematischer Fähigkeiten 3./4. Klasse Teil 2: Geometrie
■ .... Best.-Nr. 990405

Übertritt in weiterführende Schulen 4. Klasse
■ .... Best.-Nr. 990404

(Bitte blättern Sie um)